Institut
für ausländisches und internationales Privatrecht

BEITRÄGE
zum
ausländischen und internationalen Privatrecht.

Herausgegeben in Gemeinschaft mit

E. Heymann, M. Pagenstecher, F. Schlegelberger, H. Titze, M. Wolff

von

E. Rabel
Direktor des Instituts für ausländisches und internationales Privatrecht

Heft 7

Berlin und Leipzig 1932

Walter de Gruyter & Co.

vormals G. J. Göschen'sche Verlagshandlung — J. Guttentag, Verlagsbuchhandlung
Georg Reimer — Karl J. Trübner — Veit & Comp.

ZESSIONSRECHT

Beiträge
zum Recht der Forderungsabtretung im internationalen Verkehr

1. Teil

Rechtsvergleichung

Mit einer tabellarischen Übersicht
sowie Formularen von Sicherungsabtretungen

Von

Dr. Karl Arndt
Gerichtsassessor in Berlin
Referent am Institut für ausländisches und internationales Privatrecht

Berlin und Leipzig 1932

Walter de Gruyter & Co.

vormals G. J. Göschen'sche Verlagshandlung — J. Guttentag, Verlagsbuchhandlung
Georg Reimer — Karl J. Trübner — Veit & Comp.

Inhaltsübersicht.

Anhänge zu Teil I.

§ 1. Einleitung.

Die folgende Arbeit beschäftigt sich, angeregt durch die praktischen Bedürfnisse, die sich im Institut für ausländisches und internationales Privatrecht aus Anfragen ergaben, mit einzelnen Problemen aus dem Zessionsrecht — vor allem den Fragen, die in den bisherigen deutschsprachigen Bearbeitungen [1]) trotz ihres reichen Inhalts nicht eingehend genug behandelt worden sind und dennoch entweder erhebliche praktische Bedeutung haben (wie beispielsweise die Grenzgebiete zum Aktien- und Konkursrecht und die Sonderbehandlung der Sicherungsabtretung) [2]) oder theoretisches Interesse bieten (wie die Untersuchung über die Vertragsnatur der Abtretung).

Einer besonderen Rechtfertigung bedarf die Auswahl des internationalprivatrechtlichen Teils. Die Feststellung des bestehenden Rechtszustandes, wie er sich in der Rechtsprechung manifestiert, war so schwierig (so z. B. für England und Amerika) und bot so manches unerwartete Ergebnis (so z. B. die Schwenkung der deutschen Judikatur und das non liquet der

---

[1]) Für das materielle Recht: Hans Schumann, Die Forderungsabtretung im deutschen, französischen und englischen Recht (Heymanns Arbeiten zum Handels-, Gewerbe- und Landwirtschaftsrecht Nr. 37) Marburg 1924. Für das internationale Privatrecht: Max Guldener, Zession, Legalzession und Subrogation im internationalen Privatrecht, Aarau 1930.

[2]) Die trefflichste Darstellung der praktisch wichtigsten Fragen findet sich jetzt bei Klausing, Rechtsvergleichendes Handwörterbuch 3, 368 ff. s. v. Fiduziarische Rechtsgeschäfte.

englischen Entwicklung), daß ich sowohl für praktische wie theoretische Zwecke durch Darstellung bloßer Referate mehr zu bieten hoffe als durch eigenwillige Stellungnahme auf einem Gebiet, auf dem jeder mögliche Standpunkt auch schon Vertretung und Begründung gefunden hat. Eine eigene Stellungnahme habe ich namentlich zu einigen praktisch wichtigen Punkten versucht, über die weder Literatur noch Judikatur bisher etwas aussagen.

I. Teil.

Das materielle Recht.

§ 2. Beschränkungen des Kreises der Zedenten und Zessionare.

Die Möglichkeit, eine Forderung ohne Zustimmung des Schuldners abzutreten, ist heute in nahezu allen Kulturrechten anerkannt. Jedoch muß vor dem Irrtum gewarnt werden, die Möglichkeit als etwas Selbstverständliches zu betrachten. Obwohl schon Justinian sie anerkannte, gibt es heute immerhin noch einige Rechte, denen sie bisher fremd blieb. Das palästinensische Recht zählte bis zum Jahre 1928 uneingeschränkt zu ihnen. Seit der Assignment of Debts Ordinance, 1928 können zwar die für den internationalen Verkehr wesentlichsten Forderungen, aber immer noch nicht sämtliche Forderungen ohne Zustimmung des Schuldners abgetreten werden [1]). Der ägyptische Code civil indigène läßt die Abtretung von Forderungen, die zwischen Eingeborenen entstanden sind, nur unter Zustimmung des Schuldners zu [2]), auch wenn der Zessionar ein Fremder ist [3]).

Beschränkungen der Abtretbarkeit in persönlicher Hinsicht finden sich nur in wenigen Gesetzen. Sie stellen sich gesetzestechnisch dar als besondere Verleihung der Befugnis Zedent (I) oder als Beschränkung der Befugnis Zessionar zu sein (II). Schließlich darf in diesem Zusammenhang das belgische Gesetz vom 25. Oktober 1919 erwähnt werden, das eine bestimmte erleichterte Zessionsform nur bestimmten Zedenten und Zessio-

---

[1]) Siehe unten I, sowie Hilb, Rabels Z. 3, 650.

[2]) Art. 349 I.

[3]) Noch im Jahre 1900 erging ein Gesetz (Art. 436 letzter Abs. c. c. mixte) eigens zu dem Zweck, gegenüber der etwas liberalen Rechtsprechung der Gemischten Gerichte die Beobachtung des Wortlautes durchzusetzen.

naren für die Abtretung eines bestimmten Kreises von Forderungen zur Verfügung stellt (III).

I. Eine Bevorzugung bestimmter Personen bei der Übertragung bestimmter Forderungen findet sich — soweit ich sehe — nur in dem neueren Rechte Palästinas. Dort gestattet die bereits erwähnte Assignment of Debts Ordinance Nr. 20 von 1928 die Abtretung von aus Handelsgeschäften herrührenden Forderungen, sowie von Forderungen, die einer Gesellschaft oder Genossenschaft zustehen. Worauf diese Bevorzugung jener juristischen Personen beruht, ist nicht recht ersichtlich. Wahrscheinlich handelt es sich um eine Art unwiderleglicher Vermutung, daß die ihnen zustehenden Forderungen aus Handelsgeschäften herrühren. Hierher gehören auch die verschiedenen britischen Gesetze, die bei der Abtretung von Buchforderungen kaufmännische Zedenten, die ihre im Gewerbebetrieb entstandenen Forderungen abtreten, unter besonderes Recht stellen; sie brauchen aber eine besondere Darstellung im Rahmen ihres Rechts (unten S. 49 ff.).

Eine Sonderstellung für bestimmte Zedenten schaffen ferner eine Anzahl Companies Acts des britischen Weltreichs; die durch eine Aktiengesellschaft vorgenommene (Sicherungs-)Abtretung soll anderen, strengeren Formen unterstehen als die von anderen Zedenten vorgenommene. Auf Einzelheiten hierzu wird weiter unten eingegangen werden (§ 4 IV).

II. Zahlreicher, aber in ihrer Bedeutung auch gering, sind die Vorschriften umgekehrter Art, die also gewissen Personen den Erwerb von Forderungen verbieten. Sie finden sich vornehmlich in den romanischen Rechten.

So bestimmt Art. 1597[1]) code civil, daß Richter und eine Anzahl weiterer Justizpersonen (Staatsanwälte, avoués[2]), Gerichtsvollzieher, Gerichtsschreiber und Notare) „nicht Zessionare werden können" von solchen streitigen Rechten[3]), die zur

---

[1]) Ähnlich Art. 1458 *italienischer* cód. civ., Art. 1459 Ziff. 5 *span.* cód. civ., Art. 785 *portug.* cód. civ., Art. 1361 (1395) Ziff. 6 *argentin.* cód. civ. u. a.

[2]) Nicht genannt sind die avocats, die zur Zeit der Abfassung des code civil durch die im Text noch erwähnten défenseurs officieux ersetzt waren, doch rechnet die herrschende Ansicht die avocats jetzt unter die im Art. 1597 aufgezählten Personen, Planiol et Ripert, Traité élémentaire du Droit civil. 10. Aufl. II 504, Note 1.

[3]) Ob darunter ebenso wie in Art. 1700 nur Rechte zu verstehen

Zuständigkeit des Gerichts gehören, bei dem die Betreffenden tätig sind. Die Bedeutung dieser Norm ist nicht unbestritten, teils folgert man aus ihr, daß sie dem ordre public diene und der Verstoß daher absolute Nichtigkeit zur Folge habe, teils hält man sie für eine Schutzvorschrift zugunsten des Zedenten und des Schuldners und will diesen allein die Berufung auf die Nichteinhaltung gestatten[1]). Auch die Umgehungsversuche durch eingeschobene Strohmänner fallen unter das Verbot[2]).

III. Eine erheblich größere Bedeutung, zumal im Handelsverkehr, haben die Bestimmungen der belgischen Loi sur le crédit professionnel en faveur de la petite bourgeoisie commerçante et industrielle vom 25. Oktober 1919. Das Gesetz, mit dessen parlamentarischer Bearbeitung schon vor dem Kriege begonnen wurde[3]), führt verschiedene Mittel zur Verbesserung der Kreditverhältnisse des kaufmännischen und gewerblichen Mittelstandes ein[4]): die im ersten Kapitel geregelte Verpfändung des fonds de commerce kann zwar abweichend vom französischen Vorbild (Gesetz vom 17. März 1909) auch die Warenvorräte (Art. 2) umfassen, nicht aber die Geschäftsforderungen. Dafür schafft das zweite Kapitel (De l'escompte et du gage de la facture) ein besonderes Rechtsinstitut, nämlich die Abtretung und die Verpfändung von bestimmten Außenständen. Als Zedent oder Verpfänder kommen Händler und Industrielle in Betracht; Zessionare können folgende Personengruppen sein: Banken, von der Regierung zugelassene Kreditinstitute und Lieferanten des Gläubigers. Abtretbar oder verpfändbar auf Grund des Gesetzes

---

sind, über die ein Rechtsstreit schon begonnen hat oder nur solche, über die ein ernster gerichtlicher Streit droht, ist bestritten, vgl. Planiol et Ripert a. a. O. 505, Note 1 und Cour de Cassation vom 11. Februar 1851, Dalloz 1851, 1, 242.

[1]) Vgl. die Zitate in Juris-Classeur Civil Art. 1596/97 Note 11 f.; ferner Planiol et Ripert, a. a. O. II Nr. 1432, 1435 und Art. 1362 des *argentin.* cód. civ.

[2]) Juris-Classeur Civil Art. 1596/97 Note 2 f. — Zum Teil ist die Frage gesetzlich geregelt, vgl. Art. 1361 *argentin.* cód. civ.

[3]) Die kurze Begründung des später unverändert angenommenen Entwurfs findet sich in den Documents parlementaires der Chambre des Représentants (Sitzung vom 5. Dezember 1913).

[4]) Die Beschränkung auf den Mittelstand ist nur in der Überschrift des Gesetzes enthalten. Der Antragsteller wies darauf hin, daß nur für den Mittelstand die bisherigen Kreditmöglichkeiten (insbesondere für die uns interessierenden Fälle die Verwendung von Wechseln) nicht ausreichten. Das Gesetz selbst enthält keinerlei Beschränkung.

sind nur Kaufpreisforderungen bestimmter Art, nämlich für produits manufacturés (doch wird nicht gesagt, daß sie von dem Zedenten oder Verpfänder hergestellt sein müssen) sowie für an Börsen gehandelte und auf dem Kurszettel notierte Waren. Die Abtretung oder Verpfändung geschieht durch Indossierung der vom Verkäufer unterzeichneten Rechnung. Anscheinend wirkt die Abtretung mit der Indossierung schon gegenüber jedermann, denn Art. 15 bestimmt nur, daß der Schuldner, der von der Indossierung Mitteilung (avis) erhalten hat, nur an den Zessionar oder Pfandgläubiger mit befreiender Wirkung leisten kann [1]).

Das Gesetz ist zunächst bedeutsam, weil es zeigt, wie wirtschaftliche Erfordernisse dazu führen, für ein wichtiges Gebiet die strengen Regeln des Abtretungsrechts des Code civil zu durchbrechen [2]). Für die praktisch bedeutsamsten Fälle ist damit die Zession in ähnlich leichter Weise wie in den zentraleuropäischen Rechten ermöglicht [3]). Aber weiter ist das Gesetz auch für den Gesetzgeber, der die Regelung der Sicherungsabtretung unternimmt, als Anregung recht beachtlich. Sowohl die Beschränkungen auf bestimmte Warenforderungen wie die Abgrenzung des Kreises der möglichen Zessionare sind sehr heilsame Vorkehrungen gegenüber den Auswüchsen auf dem Gebiete der Sicherungszession.

§ 3. Beschränkungen der Abtretbarkeit in sachlicher Beziehung.

Der Kreis der abtretbaren Forderungen ist in den einzelnen Rechten zwar sehr verschieden weit gezogen, doch werden sich bei der Abtretung im internationalen Verkehr aus den bestehenden Unterschieden kaum je Schwierigkeiten ergeben. So kann auf eine Vergleichung der in allen Rechten auf Gesetz oder Rechtsprechung beruhenden Ausnahmen von der Regel der freien Abtretbarkeit im allgemeinen verzichtet werden. Namentlich gilt

---

[1]) Anders vielleicht Fredericq, Droit commercial belge I Nr. 265, der davon spricht, daß dem Schuldner die Mitteilung gemacht werden „muß".

[2]) Eine ähnliche Tendenz verrät Art. 266 des *franz.-ital.* Obligationenrechtsentwurfs, der die Verkörperung gewöhnlicher zivilrechtlicher Forderungen in Namen-, Order- und Inhaberpapieren zuläßt.

[3]) Wie weit im internationalen Rechtsverkehr dieses Sonderrecht Anwendung finden kann, wird im zweiten Teil der Arbeit geprüft werden. Das Gesetz enthält keine Anhaltspunkte für die Beantwortung der Frage, inwieweit es selbst auf internationale Tatbestände angewandt werden will.

dies von den Bestimmungen, die von der freien Abtretbarkeit solche Forderungen ausnehmen, bei deren Erfüllung es in bestimmter Weise auf die Person des Gläubigers ankommt. Auch die nationalen Regelungen, die keine Abtretung solcher Forderungen anerkennen, bei denen die Zession eine Veränderung des Inhalts der Leistung zur Folge hätte[1]), sind von geringem Interesse: sie betreffen kaum je wissenschaftliche Grundfragen und ihre praktische Bedeutung ist gering. Aber auch die aus sozialen Gründen verordneten Beschränkungen der Abtretbarkeit sind für internationale Rechtsbeziehungen nahezu bedeutungslos und wissenschaftlich gleichfalls ohne Interesse.

I. Vertraglicher Ausschluß der Abtretbarkeit. Etwas anders steht es mit der Frage, ob durch Vertrag zwischen Gläubiger und Schuldner die Abtretbarkeit einer Forderung ausgeschlossen werden kann. Zwar wird auch sie praktisch nur selten eine Rolle spielen, theoretisch rührt sie jedoch an Grundprobleme des Obligationenrechts, wenn sie auch nicht auf Eigenarten der nationalen Rechtssysteme zu beruhen scheint (vgl. dazu die Stellungnahme in Italien, u. S. 15). Die auf diesem Gebiete bestehenden Unterschiede zwischen den einzelnen Rechten sind meines Erachtens nur historisch erklärbar, je nach der zur Zeit der Abfassung des Gesetzes oder dem Erlaß des Urteils herrschenden Auffassung über Parteiautonomie und Veräußerungsfreiheit. Im folgenden sollen nur kurz die drei Gruppen von Rechtsordnungen erwähnt werden, die man in dieser Hinsicht zu unterscheiden hat[2]). Die erste erkennt derartigen Abreden unbeschränkte Gültigkeit zu, die zweite sieht sie allgemein als nichtig an, während die dritte auf die Motive und den Umfang der Ausschließung der Abtretbarkeit achtet, um nach deren Bewertung diese entweder anzuerkennen oder

---

[1]) § 399 Dt. BGB.; für *Österreich*, Ehrenzweig, System des allgemeinen Pivatrechts II 1 § 329 II; für die *Schweiz*, Oser-Schönenberger, Obligationenrecht Art. 164 IV; für *England*, Halsbury, Laws of England Bd. 4 s. v. choses in action No. 858 und aus der Rechtsprechung z. B. Dr. Jaegers Sanitary Woollen System Co. v. Walker 77 L. T. Rep. 180; für *Frankreich*, Dalloz, Nouveau Code civil annoté Art. 1689 No. 141 ff.; für *Schottland*, Wedderburn, Encyclopædia of the Laws of Scotland 2, 5 (delectus personae).

[2]) Allerdings gibt es Übergänge und für manche Rechte ist die Frage überhaupt nicht sicher geklärt, so z. B. in *Italien* (darüber s. u. S. 15) und in *Schottland*, Gloag, On Contracts, 2. Aufl. 413 f. Bei unentgeltlichen Abtretungen wird dort wohl der Ausschluß der Abtretbarkeit (durch einseitige Erklärung des Schuldners, vgl. Gloag) anerkannt.

nicht. Hauptvertreter der ersten Gruppe ist das deutsche Recht. Dort bestimmt § 399 BGB., daß eine Forderung dann nicht abtretbar ist, wenn die Parteien die Abtretbarkeit ausgeschlossen haben. Angesichts dieser klaren Regelung ist im deutschen Recht nie versucht worden, die Tragweite der Vorschrift irgendwie einzuschränken, obwohl sie im Gegensatz zur sonstigen Regelung vereinbarter Veräußerungsverbote steht (vgl. § 137 BGB.). dem deutschen Recht gleicht u. a. das österreichische [1]), schweizerische [2]), dänische [3]), finnische, griechische [4]), portugiesische [5]), brasilianische [6]), mexikanische [7]), das alte russische [8]), das chinesische [9]) und das liv-, est- und kurländische [10]) Privatrecht sowie der tschechoslowakische Entwurf [11]).

Hauptvertreter der Rechte, die einen vertraglichen Ausschluß der Abtretbarkeit nicht anerkennen, ist das französische [12]). Dort hält man eine derartige Abrede für unvereinbar mit den Prinzipien der Vertragsfreiheit [13] [14]). Trotz dieser grundsätzlichen Nichtanerkennung des Zessionsverbots erkennen jene Rechte Ausnahmen an, die sie im Ergebnis der dritten Gruppe annähern. Man läßt nämlich das Abtretungsverbot dann

---

1) Ehrenzweig, a. a. O. § 329 II.

2) Art. 164 Obl. R.

3) Lassen, Haandbog i Obligationsretten, 3. Aufl. 573. Für das *norwegische* Recht ist die Frage streitig: Stang, Forelæsninger over den Norske Obligationsrets Almindelige Del. 5. Aufl. § 69 II.

4) Die Angabe beruht auf einer Mitteilung von Herrn Dr. Fragistas, Saloniki.

5) So wenigstens Moreira, Direito Civil portuguȇs II, 2. Aufl. 187 f.

6) Art. 1065 cod. civ.

7) Art. 2030 cód. civ.

8) Klibanski, Handbuch des gesamten russischen Zivilrechts, I 213.

9) Bürg. Gesetzbuch Art. 294 Ziff. 2.

10) Art. 3468.

11) § 1283.

12) Ähnlich z. B. *Argentinien*, Lafaille, Obligaciones 1, 183 und *Bulgarien*, Raphailoff, Créances non négociables en droit bulgare comparé 18 f.

13) Vgl. Huc, De la cession et de la transmission des créances I No. 27 ff.

14) Zur Begründung werden zitiert Art. 544 c. c., der eine Eigentumsdefinition enthält, Art. 1594, der persönliche Erwerbs- und Veräußerungsverbote aufhebt, und Art. 1598, wonach grundsätzlich alle handelsfähigen Gegenstände verkauft werden können.

zu, wenn es zeitlich beschränkt ist und im Interesse des Schuldners liegt [1]). Im italienischen Recht wird jede der drei Ansichten von angesehensten Juristen vertreten [2]).

Das englische Recht wird bald der ersten [3]), bald der zweiten [4]) Gruppe zugerechnet; die Entscheidungen bestätigen sicher weder das eine noch das andere. Die vollen Wirkungen des legal assignment können zwar durch Vereinbarung unmöglich gemacht werden [5]), vielleicht sind die Urteile aber dahin zu verstehen, daß da, wo die Übertragung wirtschaftlich erwünscht ist, immer unabdingbar die Möglichkeit eines equitable assignment gewährt wird [6]) (vgl. über diese Begriffe unten S. 47 ff.).

Das geltende amerikanische Recht ist in den einzelnen amerikanischen Staaten verschieden [7]). Die Mehrzahl der Entscheidungen bejaht jedoch die uneingeschränkte Zulässigkeit des Ausschlusses; so wird sie denn auch in dem Restatement des American Law Institute [8]) anerkannt.

Zu der Mittelgruppe zählt das südafrikanische Recht. Nach südafrikanischem Recht wird der vertragliche Ausschluß der

---

[1]) Pandectes françaises, Rép. 15, 427 No. 223. Vgl. für Veräußerungsverbote beim Grundeigentum, wo gleiche Grundsätze gelten: Raiser, s. v. Eigentum im Rechtsvergleichenden Handwörterbuch II, 785.

[2]) Gegen die Zulässigkeit des pactum de non cedendo Vivante, Trattato di diritto commerciale III, 5. Aufl. 115 f. Für die Zulässigkeit anscheinend Ruggiero, Istituzioni di diritto civile II, 5. Aufl. 194. Die Mittelmeinung vertritt Giorgi, Obbligazioni VI, 7. Aufl. 109 ff.

[3]) Jenks-Schirrmeister-Prochownick, Das bürgerliche Recht Englands II § 325.

[4]) Vgl. Halsbury, The Laws of England, 4. Bd. s. v. choses in action n. 859, Encyclopedia of the Laws of England, 1. Bd. 2. Aufl. 565, Zweifelnd Bramwell L. J. in Brice v. Bannister (1878) 3 Q. B. D. 581.

[5]) Allgemein nehmen dies anscheinend („it may be assumed") für jegliches assignment an: Salmond and Winfield, Law of Contracts 386 f.

[6]) Vgl. in Re Turcan 40 Ch. D. 10 und Griffin v. Griffin, 79 L. T. Rep. 442.

[7]) 37 Harv. L. R. 757. Eine ausdrückliche Gesetzesbestimmung hat Jowa § 9452 Code 1927: When by the terms of an instrument its assignment is prohibited, an assignment thereof shall nevertheless be valid, but the maker may avail himself of any defense or counterclaim against the assignee which he may have against any assignor thereof before notice of such assignment is given to him in writing. — Vgl. 2 Ruling Case Law, 599.

[8]) Restatement of the Law of Contracts sect. 151 c.

Abtretung nur anerkannt, wenn für ihn ein reasonable interest vorliegt [1]).

Der Schutz eines gutgläubigen [2]) Dritten, der im Vertrauen auf ein schriftliches Schuldbekenntnis eine nach mündlicher Vereinbarung nicht abtretbare Forderung erwirbt, findet sich nach dem Vorbild des deutschen Rechts (§ 405) in gleicher oder ähnlicher Form u. a.[3]) im schweizerischen [4]), ungarischen [5]) und mexikanischen [6]) Recht. Demgegenüber stellt die Behandlung im neuen chinesischen bürgerlichen Gesetzbuch eine die Interessen des Geschäftsverkehrs zu sehr bevorzugende Ausweitung jenes Prinzips dar: Nach Art. 294 Abs. 2 kann die vertragliche Ausschließung allgemein einem gutgläubigen Dritten nicht entgegen gehalten werden.

II. Die Abtretung eines Teiles einer Forderung. In einigen Rechten, besonders im deutschen und englischen [7]), wird die Frage, ob die Abtretung eines Teiles einer Forderung zulässig ist, erörtert. Hierbei ist nicht nur das Ergebnis, zu dem die beiden als Muster erwähnten Rechtsordnungen gelangen, sondern auch die Art der vorgebrachten Gründe verschieden. Ist auch von der rechtsvergleichenden Betrachtung der Frage kaum eine Förderung des deutschen Rechts zu erwarten, so verdient die Haltung der beiden Rechte doch wegen

---

[1]) Supreme Court in Paiges v. van Ryn G. M. Estates, 1920 South African L. R. A. D. 615.

[2]) Fahrlässige Unkenntnis schadet nach *deutschem* Recht, nicht jedoch nach den *ungarischen* Entwürfen (1914: § 988, 1928: § 1219); über das *schweizerische* Recht vgl. Oser-Schönenberger, Obl. R. 2. Aufl. Art. 164 No. 22.

[3]) Wie weit auf Grund allgemeiner Rechtssätze, z. B. estoppel, ein gleiches Ergebnis ohne Spezialbestimmung erzielt werden kann, bleibt unerörtert.

[4]) Art. 164 Obl. R.

[5]) Jedenfalls die Entwürfe von 1914 (§ 988) und von 1928 (§ 1219). Doch scheint die Rechtslage im geltenden Recht die gleiche zu sein.

[6]) cód. Art. 2030 neuer civ. Nach *mexikanischem* Recht wirkt das pactum gegenüber Dritten nur dann, wenn es in der Urkunde über den Titel enthalten ist, so daß anscheinend sonstige Kenntnis des Dritten nichts schadet.

[7]) Die Rechtslage in den *Vereinigten Staaten* entspricht etwa der *englischen*, vgl. 2 R. C. L. 618 ff. s. v. assignments und Page, On the Law of Contracts, 2. Aufl. 4, § 2261 sowie insbesondere sect. 156 des Restatement of the Law of Contracts, nach der die Teilabtretung zulässig ist, jedoch der Schuldner gegen seinen Willen nur von allen Forderungsberechtigten gemeinsam gerichtlich belangt werden kann.

ihrer praktischen Bedeutsamkeit hervorgehoben zu werden, denn die Abtretung eines Teiles einer Forderung ist sowohl allgemein wie zu Sicherungszwecken oft erwünscht. Dabei handelt es sich fast stets um einen summenmäßig bestimmten Teil. Die Abtretung eines Bruchteils ist sehr selten.

Die Zulässigkeit einer Teilabtretung wird im englischen Recht nur beim legal assignment bestritten [1]). Eine herrschende Ansicht hat sich noch nicht gebildet [2]). Da der Wortlaut des Gesetzes die Frage nicht entscheidet, prüfen die Gerichte unbeeinflußt von ihm das Für und Wider. Dabei zeigt es sich aber, daß die dem Engländer wesentlich erscheinenden Begründungen dem deutschen Recht wenigstens bisher völlig fremd sind. Teils wird gegen Teilabtretungen geltend gemacht, daß durch sie die Pflichten des Schuldners erhöht werden würden [3 4]), teils stößt

---

[1]) Halsbury, Laws of England, Bd. 4 (s. v. choses in action) n. 784 und 796; Simner-Hinton-Allaway, Yearly Practice of the Supreme Court for 1932, Bd. 2, 1750.

[2]) Für Zulässigkeit: Darling J. in Skipper v. Holloway (1910) 2 K. B. 630 und Coleridge C. J. in Brice v. Bannister (1878) 3 Q. B. D. 569. Dagegen: Bray J. in Forster v. Baker (1910) 2 K. B. 636, zustimmend Lawrence J. in Re Steel Wing Co. (1921) 1 Ch. 355; Wright J. in Earle v. Hemsworth 44 T. L. R. 609. Offengelassen wurde die Frage in Hughes v. Pump House Hotel Co. (1902) 2 K. B. 190 u. Jones v. Humphreys (1902) 1 K. B. 10; ebenso in der Entscheidung der Court of Appeal Durham Brothers v. Robertson (1898) 1 Q. B. 774. — Gegen die Zulässigkeit vgl. das Urteil aus *Madras* Doraisami v. Doraisami (zit. b. Mitra, Transfer of Property Act, 7. Aufl. 649). Aus der Literatur vgl. Chitty-Macfarlane-Wrangham, On Contracts, 18. Aufl. 969.

[3]) So Bray J. in Forster v. Baker (1910) 2 K. B. 639.

[4]) Das Argument ist für das *englische* Recht beweiskräftiger als für das *deutsche,* denn nach *englischer* Auffassung kann ein Gläubiger seinen Anspruch nicht nacheinander in verschiedenen Teilklagen geltend machen; sect. 81 County Courts Act, 1888 und (allgemein) Spencer Bower, Res Judicata 195 und dort Zitierte. Das übersieht m. E. Schumann, Die Forderungsabtretung im deutschen, französischen und englischen Recht, S. 113. — Für das *amerikanische* Recht hat der berühmte Richter Story in der Entscheidung Mandeville v. Welch (5 Wheat. 277 =) 18 U. S. Supreme Court Rep. 128 dies folgendermaßen begründet: „The reason of this principle is plain. A creditor shall not be permitted to split up a single cause of action into many actions, without the assent of his debtor, since it may subject him to many embarrassments and responsibilities not contemplated in his original contract. He has a right to stand upon the singleness of his original contract, and to decline any legal or equitable assignments by which it may be broken into fragments. When he undertakes to pay an integral sum to his cre-

man sich daran, daß durch die Zulassung verschiedener Klagen gegen den Schuldner über Teile ein- und derselben Forderung einander widersprechende Urteile ermöglicht würden [1] [2]).

Keine dieser Begründungen kann einen deutschen Juristen überzeugen. Erscheint uns doch die Möglichkeit, daß ein Gläubiger seinen Schuldner in verschiedenen Prozessen wegen einzelner Teilbeträge der Forderung belangt, nicht befremdlich [3]) und die fernere Möglichkeit einander widersprechender Entscheidungen in derartigen Fällen als ein geläufiges Beispiel für die Grenzen der Rechtskraft. Immerhin ist beachtlich, daß die Erwägung, die Zersplitterung einer Forderung mute dem Schuldner eine Erweiterung seiner ursprünglichen Verpflichtung zu, in Dänemark dazu geführt hat, eine gemeinsame Klage der mehreren Gläubiger einer geteilten Forderung zu verlangen [4]) und in Frankreich haben angesehene ältere Schriftsteller früher das gleiche gefordert [5]).

Im Gegensatz dazu haben in Deutschland und einigen anderen Staaten Rechtslehre [6]) und Rechtsprechung [7]) die Zuläs-

---

ditor, it is no part of his contract that he shall be obliged to pay in fractions to any other persons."

[1]) So die *irische* Entscheidung Conlan v. Carlow County Council (1912) 2 J. R. 542. Als besonders schwierig und gegen die Zulässigkeit sprechend erscheint dem irischen Richter folgender Fall: Der Erbauer eines Hauses tritt von seiner angeblichen Forderung von 1000 £ zunächst 500 £ an B. ab: Wie soll entschieden werden, wenn sich herausstellt, daß nur 500 £ geschuldet sind?

[2]) Das ist nach equity-Recht nicht möglich, da dort der Zedent stets mit als Kläger zu erscheinen hat, Conlan v. Carlow County Council (1912) 2 J. R. 542. Es handelt sich also bei der Unterscheidung nicht allein um einen „formellen Grund", wie Schumann, a. a. O. 113 annimmt.

[3]) Allerdings werden nicht alle für die Prozesse durch den Gläubiger aufgewandten Kosten als zur Rechtsverfolgung notwendig im Sinne des § 91 ZPO. angesehen werden. Vgl. für das Schweizer Recht, Oser-Schönenberger, Obl.-Recht, 2. Aufl. Art. 69, 4.

[4]) Nicht unbestritten, vgl. Lassen, Haandbog i Obligationsretten Almindelig Del, 3. Aufl. 583.

[5]) Vgl. Répertoire Dalloz (1858) Bd. 43 s. v. Vente n. 1830 und dort Zitierte, z. B. Troplong, De la Vente II, n. 923.

[6]) Z. B. Planck-Siber, 4. Aufl. § 398, 4a; Oertmann, Kommentar, 5. Aufl. § 399, 3a; Dernburg-Engelmann, Die Schuldverhältnisse, 4. Aufl. § 138. V; Crome, System des dt. Bürg. Rechts II, § 198, 3. Ebenso für die *Schweiz:* Oser-Schönenberger, Obl.-Recht, 2. Aufl. Art. 164, 2; Tuhr, Allg. Teil des Schweizer. Obligationenrechts 737 f. *Österreich:* Wolff im Klangschen Kom-

sigkeit der Teilabtretung bejaht[1]); zweifellos mit Recht. Finden sich doch schon im Gesetz deutliche Anhaltspunkte dafür, daß der Gesetzgeber von ihrer Erlaubtheit ausgegangen ist, wie insbesondere die Bestimmungen der §§ 1151 und 1152 BGB., die die Teilung von durch Hypotheken gesicherten Forderungen voraussetzen[2]). Fraglich scheint mir aber, ob die Folgen der Teilabtretung bisher genügend bedacht worden sind.

Die Regelung des Verhältnisses der Forderungsteile zueinander ist auf verschiedene Art denkbar. Zunächst liegt am nächsten, dem abgetretenen Teil der Forderung qualitativ genau die gleiche Bedeutung beizumessen wie dem beim Zedenten verbliebenen. Wenn wir hierfür einen sonst nur für das Verhältnis dinglicher Rechte zueinander verwandten Begriff gebrauchen, so können wir in solchen Fällen von Abtretung „zu gleichem Rang" sprechen. Sie wird immer dann anzunehmen sein, wenn nicht eine bestimmte Summe einer Forderung, sondern eine Quote abgetreten wird. Anders könnte es bei der Abtretung eines summenmäßig bestimmten Teiles sein. Ein verschiedener „Rang" der Forderungsteile wäre entweder in der Weise möglich, daß der Zedent besseren Rang hat, oder, daß der Zessionar vorgeht. Die Bedeutung des Wortes „Rang" für gewöhnliche Forderungen bedarf aber näherer Ausführung, da es für andere Fälle geläufig ist. Um kein solches „Rangverhältnis"[3]) der Forderungsteile zueinander handelt es sich in folgenden Fällen: der Zedent tritt einen Teil einer angeblichen Forderung ab; es stellt

---

mentar § 1393 zu Note 42; für Hypothekenforderungen vgl. die ausdrückliche Bestimmung in § 13 II GrundbuchG.; für *Frankreich:* Planiol et Ripert, Traité pratique de droit civil français VII, 448 (n. 1127); für *Italien:* Digesto Italiano s. v. Cessione di crediti, Bd. VII, 1, 775. Pacifici-Mazzoni, Codice Civile Italiano, 6—8. Aufl. Bd. 13, 367. Cuturi, Della Vendita, 2. Aufl. 774.

[7]) RGZ. 64, 122; RG.: JW. 1911, 277, JW. 1914, 528.

[1]) Wenigstens — was *Deutschland* anlangt — für das Recht des BGB. Im gemeinen Recht scheint die Frage nicht erörtert zu sein, so suchte ich sowohl in Mühlenbruchs Monographie über die Zession wie in Windscheids Pandektenlehrbuch vergeblich Ausführungen über die Teilabtretung.

[2]) Das Gleiche gilt für *Argentinien* (Art. 1475) und *Costa Rica* (Art. 1116 cód. civ.).

[3]) Möglich wäre auch der Ausdruck obligatorische „Staffelverhältnisse" (Fritz Schulz, Rückgriff und Weitergriff 94). Ich vermeide ihn, weil Fritz Schulz die Grenzen dieses Begriffes (für die von ihm behandelten Surrogationsbestimmungen mit Recht) enger gezogen hat, als ich sie für die Teilzession richtig halte.

sich heraus, daß nur ein Teil dieser Forderung bestand oder es fällt später ein Teil mit rückwirkender Kraft (etwa durch Anfechtung) fort. Hier verbleibt — wenn der abgetretene Teil der angeblichen Forderung der wirklichen Forderungshöhe gleich ist — dem Zedenten nichts. Die teilweise Nichtigkeit oder die Vernichtung des Rechtsgrundes geht zu Lasten des Zedenten [1]). Alles was ihm zustand, hat er abgetreten. Anders aber ist es, wenn spätere Ereignisse die Forderung, von der ein Teil abgetreten wurde, mit Wirkung ex nunc beeinträchtigen. Angenommen, der Kaufpreis wird durch eine Minderung, die der Käufer wegen Sachmangels vornehmen darf, um die Hälfte verringert; hat der Verkäufer, der die Hälfte seiner Kaufpreis forderung aus Freude über das gute Geschäft schenkweise abgetreten hat, nach der Minderung nur ¼ des ursprünglichen Preises zu verlangen? Wie ist es, wenn ein Vergleich oder Zwangsvergleich die Forderung herabsetzt?

Stets wird in erster Linie die Auslegung des Zessionsvertrages entscheiden müssen.

Die Zulässigkeit, über den „Rang" der Forderungsteile in diesem Sinne zwischen Zedent und Zessionar Vereinbarungen zu treffen, kann nicht unter Hinweis auf die Vertragsfreiheit (§ 305 BGB.) begründet werden. Es handelt sich hier nicht um die inhaltliche Ausgestaltung eines Schuldverhältnisses, sondern um eine Verfügung über Ansprüche aus einem Schuldverhältnis [2]). Ob die Interessenlage dazu führt, die Zulässigkeit zu bejahen, kann nur beantwortet werden, nachdem wir sie und die zur Verfügung stehenden gesetzlichen Normen geprüft haben [3]). Es kann nicht zweifelhaft sein, daß obligatorisch die Zessionsparteien Bestimmungen über den „Rang" treffen können, die die eine verpflichten, der anderen die Vorteile des besseren „Ranges" zu verschaffen, auch wenn die Abrede gegenüber Schuldner und sonstigen Dritten keine Wirkung hat. Damit wird aber oft das nicht erreicht, was die Parteien erreichen wollten: fällt diejenige Partei, die auf Grund der obligatorischen Beziehungen zur Übertragung der Rangvorteile auf die andere verpflichtet ist, in Konkurs, so ist die Erreichung des von den Parteien gewünschten Zieles erschwert oder verhindert.

Wenn auch die Zulässigkeit einer Rangvereinbarung in dem

---

[1]) Oder späterer Zessionare. Unrichtig: Brockhoff, DJZ. 1928, 445.

[2]) Vgl. Siber, Iher. J. 70, 230, 288 ff.

[3]) Vgl. Heck, Schuldrecht § 68.

zuerst erwähnten Sinne nicht auf Grund der Vertragsfreiheit zu begründen ist, so bleibt doch die Möglichkeit, daß Interessenabwägung das Ergebnis für erwünscht und zugleich seine Begründung durch analoge Anwendung oder ausdehnende Interpretation gesetzlicher Bestimmungen möglich und richtig erscheinen läßt. Leicht ist der Nachweis, daß die Zessionsparteien u. U. ein großes Interesse daran haben, „Rang"-Bestimmungen bei Teilabtretungen zu treffen. Wenn jemand eine Kaufpreisforderung käuflich erworben hat, haftet der Zedent nach § 437 BGB. auch im Falle nachträglicher Minderung [1]). Bei der Abtretung eines Forderungsteiles wird es daher dem vermutlichen Willen der Parteien entsprechen, es möglichst nicht zu solcher Haftung kommen zu lassen, sondern von vornherein dem Zessionar den „erstrangigen" Forderungsteil zu verschaffen [2]). Umgekehrt wird es zuweilen bei der Schenkung sein. Der Schenker einer Forderung haftet grundsätzlich nicht für das Bestehen der Forderung (§ 523 BGB.); verschenkt er einen Forderungsteil, der einem unerwarteten Gewinn gleichkommt, so wird es seinem dem Beschenkten erkennbar gewordenen Willen am ehesten entsprechen, daß unvorhergesehene Beeinträchtigungen der Forderung zuerst den verschenkten Teil betreffen. Ist die Abtretung schließlich im Verfolg einer Auseinandersetzung geschehen, so wird wohl ausnahmslos Gleichrangigkeit als gewollt anzunehmen sein.

Nicht immer wird es möglich sein, im Wege der Auslegung den von den Parteien gewünschten Umfang der Teilzession festzustellen. Für solchen Fall bedarf es einer Dispositivnorm. Bevor der für sie angemessene Inhalt gesucht wird, muß aber die Frage beantwortet werden, ob solche Ausgestaltung des Verfügungsgeschäfts Zession überhaupt möglich ist.

Der zu untersuchende Tatbestand ist vom Gesetz nicht geregelt. Doch haben Gesetz und Rechtslehre andere Fälle abgeschwächter Übertragung zugelassen. Das erstere den Nießbrauch und das Pfandrecht an Forderungen [3]) sowie die verschiedenen

---

[1]) RG.: Leipz. Z. 1910 Sp. 464.

[2]) Vgl. f. d. *franz.* Recht: Planiol et Ripert, Traité pratique VII, n. 1127.

[3]) Man könnte erwägen, ob nicht die für die Verpfändung von Forderungen vorgesehene Pflicht zur Benachrichtigung des Schuldners (§ 1280) rechtsähnlich bei der Teilzession mit „Rang"-Vereinbarung gefordert werden sollte. Das ist abzulehnen, da die Interessenlage eine andere ist. Die Benachrichtigung des Schuldners dient der Publizität (Motive

Fälle des Satzes: nemo subrogat contra se [1]), die letztere Inkasso- und Sicherungszession. Da die Interessenlage der Zessionsparteien die Zulassung verschiedenstufiger Teilzession fordert, könnten nur besondere Gründe ein Verbot rechtfertigen. Solche liegen nicht vor. Es ist gewiß, daß zwischen dem Käufer und den mehreren Verkäufern eines Gegenstandes vereinbart werden kann, daß insoweit nachträgliche Veränderungen der unter den Verkäufern geteilten Kaufpreisforderung zu Lasten nur eines von ihnen gehen sollen; das folgt aus der bei der Ausgestaltung schuldrechtlicher Beziehungen geltenden Vertragsfreiheit. „Deshalb muß bei Abtretung der Forderung dieselbe Freiheit in der Bildung abgeleiteter Rechte gelten wie bei Begründung . . .“ [2]).

Unter den Dritten, die an der Entscheidung in dem einen oder anderen Sinne interessiert sind, kommt vor allem der Schuldner in Betracht. Ihm kann nicht zugemutet werden, dem Rechtsgrund und dem sich daraus ergebenden Willen der Zessionsparteien hinsichtlich des Ranges einer ihm mitgeteilten Teilzession nachzuforschen. Tut er es, so könnten im Vertrag nicht enthaltene Umstände eine von der oben gegebenen Durchschnittsauslegung abweichende Behandlung erfordern und er wäre der Gefahr doppelter Leistung ausgesetzt. Hinzu kommt, daß der Begriff des Ranges für gewöhnliche Forderungen keineswegs eindeutig ist, wie wir oben sahen. Sollen alle nachträglichen Änderungen davon betroffen werden? [3])

Die Interessen des Schuldners lassen sich bei nachträglicher Teilzession aber ebenso schützen wie bei von vornherein

855), für die bei der Teilzession kein Bedürfnis besteht. Für den Schutz des Schuldners wird überdies in unserem Fall besonders gesorgt (s. ob.).

[1]) Für die Rechtslehre und Rechtsprechung auch die vertragliche Erweiterung oder Beschränkung der gesetzlichen „Rang“-Bestimmung zulassen: Planck-Oegg, § 774, 3a, RG. LZ. 1921 Sp. 141.

[2]) Heck, Grundriß des Schuldrechts § 68.

[3]) Wie weit an sich schon andere Rechtssätze die „Rang“-Abrede ausschließen, ist zweifelhaft. Es dürfte anzunehmen sein, daß jedenfalls ein wichtiges Schicksal der Forderung durch Parteiabrede nicht geändert werden kann, nämlich die gleichmäßige Berücksichtigung der Teile einer Forderung im Konkurse (das muß, ebenso wie bei allen Fällen der cessio legis eines Forderungsteils gemäß § 774 BGB. [vgl. RGZ. 83, 404 f; Planck-Oegg § 774 3b, Jaeger, Konkursordnung, 6. u. 7. Aufl. § 3 Anm. 26 und dort Zitierte] auch hier gelten). — Ob Änderungen der Forderung im Vergleichsverfahren ebenso zu behandeln sind wie Änderungen bei Minderung ist zweifelhaft. Dieses ist eine Änderung, die durch eine vom Zedenten zu vertretende schlechte Lieferung entsteht, jenes ist ein von außen herantretendes Ereignis.

geschehener „Rang“-Vereinbarung: soweit er von der „Rang“-Vereinbarung keine Kenntnis hat, kann er das Eingreifen des gleich zu behandelnden Dispositivrechtssatzes annehmen.

Es bleibt noch übrig, eine Dispositivnorm für den Fall zu finden, daß die Parteien keine Bestimmung über den „Rang“ getroffen haben. In Betracht käme zunächst eine analoge Anwendung von verschiedenen über alle Teile des bürgerlichen Rechts zerstreuten Vorschriften, die bestimmen, daß bei einer cessio legis der Übergang nicht zum Nachteil des ursprünglichen Gläubigers geltend gemacht werden kann [1]). In allen diesen Fällen hat jemand eine Schuld getilgt, die letzten Endes nicht er, sondern ein anderer zu bezahlen hat. Um dies endgültige Ziel zu verwirklichen, erhält er durch cessio legis einen „Erstattungsanspruch“. Es leuchtet ein, daß der Gläubiger der Restforderung nicht dadurch benachteiligt werden soll, daß das Gesetz zur Regelung des Verhältnisses zwischen Leistendem und Schuldner den erwähnten Erstattungsanspruch gibt. Bei der vertraglichen Abtretung eines Forderungsteils treffen diese Erwägungen nicht zu. Der Zessionar erhält seinen Anspruch mit Willen des Zedenten und nicht zur Regelung von dem Zedenten fremden Rechtsbeziehungen.

In Ermangelung anderer Vorbilder, denen eine Beantwortung unserer Frage entnommen werden könnte, scheint mir die Annahme gleichen „Ranges“ der Forderungsteile am richtigsten zu sein. Dadurch werden im Konkurs und Vergleich große Schwierigkeiten vermieden; auch bei Minderung des Kaufpreises wird die Verteilung der Herabsetzung auf die Forderungsteile der Vorstellung des Käufers am meisten entsprechen.

Mit den ausgeführten Lösungen stehen auch die spärlichen deutschen Entscheidungen nicht im Widerspruch [2]). Die Rechtslehre hat sich bei nicht hypothekarisch gesicherten Forderungen bisher kaum mit der Frage beschäftigt [3]). T u h r [4]) verneint für das verwandte schweizerische Recht, daß der gleiche Rang der

---

[1]) §§ 268 III 2, 426 II 2, 774 I 2 BGB. u. ö.

[2]) RG.: JW. 1914, 528 vgl. aber JW. 1911, 277 und RG. 20, 237 (für einen besonderen Fall).

[3]) B r o c k h o f f, DJZ. 1928, 445 zieht § 420 BGB. zur Entscheidung heran. Er übersieht, daß die Zessionare nicht mehr eine teilbare, sondern eine bereits geteilte Leistung zu fordern haben, so schon RG.: JW. 1911, 278.

[4]) Allgemeiner Teil des Schweizerischen Obligationenrechts § 95 (S. 737).

Teilforderung durch Verabredung zwischen Zedent und Zessionar geändert werden könne. Zwar vermeidet er nicht, vom Range des Forderungsteils zu sprechen, aber er meint, die Forderungsteile hätten (wie grundsätzlich alle Forderungen) gleichen Rang. Den aber könne eine Abrede zwischen den Parteien nicht ändern. Eine Begründung dafür gibt Tuhr nicht, falls man nicht die in Klammern zitierte Bestimmung des Art. 220 I des Schuldbetreibungs- und Konkursgesetzes als solche anzusehen hat. Nach jener Vorschrift — die dem deutschen § 61 I KO. entspricht — haben die Gläubiger der nämlichen Klasse unter sich gleiches Recht; hiermit ist unser Problem aber nicht zu meistern. Die Frage, ob Teile einer Forderung unter sich in ein bestimmtes „Rang"verhältnis gesetzt werden können, bleibt bestehen, auch wenn man annimmt, daß dieses „Rang"verhältnis angesichts der zwingenden Konkursrechtssätze im Konkurs unwirksam ist [1]). Es ist nicht anzunehmen, daß Tuhr bei seinen Ausführungen z. B. an die Berücksichtigung späterer Minderung gedacht hat, läßt er doch (a. a. O. Anm. 2) die Möglichkeit zu, daß der abzutretende Teil der Forderung durch ein künftiges Ereignis bestimmt werden soll. Damit aber können die von uns befürworteten Ergebnisse auf einem den Parteien sicher ferner liegenden Wege erzielt werden [2]).

Soweit man sich im ausländischen Recht mit der Rangfrage bei Teilabtretung von Forderungen überhaupt beschäftigt hat, ist angenommen worden, daß es den Parteien freisteht, den Rang der einzelnen Forderungsteile untereinander zu bestimmen [3]).

Auch die Feststellung, daß im Zweifel Gleichrangigkeit anzunehmen ist, stimmt mit dem von Gesetz oder Rechtsprechung erzielten Ergebnis in manchen romanischen Rechten überein [4]).

---

[1]) Vgl. oben S. 21, Anm. 3.

[2]) In dem Falle des Forderungsverkaufes (ob. S. 21) wäre außer dem unbedingt abgetretenen Forderungsteil der Rest auch unter der aufschiebenden Bedingung abgetreten, daß Minderung o. ä. erfolgt. Im Schenkungsfall wäre dies die auflösende Bedingung.

[3]) So das *franz.* Recht: Juris-Classeur Civil art., 1690/91 n. 85 ff.; Aubry et Rau, Droit Civil Français, 5. Aufl. 5. Bd. 233 ff.; Cour de Paris: Sirey 1834, 2, 305; Cour de Cassation: Sirey 1866, 1, 393; vgl. ferner Sirey 1866, 1, 201 und die bei Dalloz, Nouveau Code Civil 4 I Art. 1689 n. 226 Zitierten. (Die Entscheidungen betreffen allerdings nur durch Hypothek oder Privileg gesicherte Forderungen.) In Italien scheint die Frage nicht erörtert zu sein.

[4]) Es ist im código civil *Argentiniens* (Art. 1475) und *Costa Ricas* gesetzlich bestimmt (Art. 1116: En caso del cesión parcial de un crédito,

III. Bei der Vornahme von Sicherungsabtretungen besteht häufig das Bedürfnis, nicht nur die gegenwärtigen, sondern auch künftige Forderungen des Kreditnehmers zu übertragen; eine genaue Bezeichnung der künftigen Forderungen ist dabei oft nicht möglich; ferner wünscht der Sicherungszedent, solange er seinen Verpflichtungen gegenüber dem Kreditgeber ordnungsgemäß nachkommt, in der Einziehung und Verwertung der abgetretenen Forderungen nicht behindert zu sein. Schließlich will man zuweilen auch dem Zedenten nur eine sogenannte „Einziehungsermächtigung" verschaffen.

Nur wenige Rechte gestatten die schrankenlose Durchführung von Sicherungsabtretungen mit den erwähnten Eigenarten. Auch soweit Sicherungsabtretungen grundsätzlich anerkannt werden, bestehen gegen die erwähnten oder ähnliche Ausgestaltungen oft Bedenken. Diese Bedenken — die übrigens nur zum kleinsten Teil gerade aus der Eigenart der Sicherungszessionen hergeleitet werden — sind viererlei Art:

1. Es besteht weithin die Neigung, die Abtretung künftiger Forderungen ganz oder doch in wichtigen Fällen zu untersagen.

2. Es bestehen Bedenken gegen Abtretungen, bei denen der Gegenstand der Abtretung allzu allgemein bezeichnet ist.

3. Besonders gegenüber Sicherungsabtretungen werden aus verschiedenen Rechtsgründen Bedenken geltend gemacht, wenn trotz der Abtretung dem Zedenten die Verfügungsmacht über die Forderung in zu großem Maße verbleibt.

4. Der Abspaltung des Einziehungsrechts von dem Gläubigerrecht sollen allgemeine und besondere Gründe entgegenstehen.

1. In sehr vielen Rechten wird bezweifelt, daß in Zukunft entstehende Forderungen unbeschränkt übertragen werden können. Der österreichische Oberste Gerichtshof hat erkannt, daß eine gültige Abtretung nur dann angenommen werden könne, wenn „wenigstens die Elemente, d. h. die Grundlagen der Forderungen vorweg feststehen, das sind die Personen und das grundlegende Verhältnis, aus dem in der Zukunft die Forderung

---

el cedente y el cesionario no gozan recíprocamente de ninguna preferencia, salvo pacto en contrario) und wird in *Italien* aus der für die Surrogation geltenden Vorschrift des Art. 1254 gefolgert (Pacifici-Mazzoni, Istituzioni di Diritto Civile Italiano, 5. Aufl. V, 1, 431). Siehe für *Frankreich:* Dalloz, Nouveau Code Civil 4 I Art. 1689 n. 226 und dort Zitierte.

zwischen den Personen entsteht". Dieser Grundsatz [1]), der allerdings in der österreichischen Rechtslehre keine Anerkennung gefunden hat [2]), stimmt mit der Rechtsprechung des tschechoslowakischen Obersten Gerichtshofs [3]) überein. Ähnliche Einschränkungen werden von der schweizerischen Rechtsprechung — auch hier unter teilweisem Widerspruch des Schrifttums [4]) — und sehr vielen nordamerikanischen Urteilen vertreten. Ohne weitere Begründung erklärt das Züricher Obergericht [5]) die Abtretung künftig entstehender Buchforderungen für unmöglich, da nur Ansprüche abgetreten werden könnten, wenn das Rechtsverhältnis, aus dem sie entstehen sollen, schon im Zeitpunkt der Abtretung bestanden hat, und das Bundesgericht scheint der gleichen Ansicht zuzuneigen [6]). In den Vereinigten Staaten von Amerika widersprechen die Urteile einander sehr. Neben Staaten, die die Abtretung künftiger Forderungen als wirksam anerkennen, so z. B. New York, stehen andere, die, ähnlich wie der österreichische Oberste Gerichtshof, verlangen, daß der Vertrag, auf Grund dessen die abzutretende Forderung entstehen soll, zur Zeit der Abtretung schon bestehen muß. Auch im amerikanischen Schrifttum sind die Ansichten über die Zulässigkeit der Abtretung zukünftiger Forderungen geteilt [7]). Ausgangspunkt der Erörterung ist fast stets eine englische Entscheidung [8]), die ausspricht, daß zukünftige Ernten eines bestimmten Grundstücks übertragen werden können, weil und so-

---

[1]) Zuletzt ausgesprochen in der Entscheidung vom 28. Dezember 1928, S. Z. X, Nr. 367.

[2]) Ehrenzweig, System des allgemeinen Privatrechts, 7. Aufl. II, 1, 257 („sofern sie hinlänglich bestimmt sind"); Wolff im Klangschen Kommentar IV, 298 („wenn die Forderung nur genügend individualisiert ist").

[3]) Oberster Gerichtshof vom 31. Dezember 1925: Prager Arch. 8, 504. Hier sieht der Oberste Gerichtshof schon dann die Forderung als zureichend bestimmbar an, wenn sie wenigstens hinsichtlich der Person des Schuldners bestimmt oder bestimmbar ist.

[4]) Vgl. v. Tuhr, Allgemeiner Teil des Schweiz. Obl. R. 733; a. A. wohl Oser-Schönenberger I 3 zu Art. 164 Obl. R.

[5]) Entscheidung vom 23. September 1920, Schweiz. Jur. Z. 17, 330.

[6]) Vgl. Entscheidung BG. 25, II, 323.

[7]) Williston, Contracts 1, § 414; Williston, Transfer of after-acquired personal property 19 Harv. L. R. 557; Editorial Note 2 Minn. L. R. 38 ff.; Clark, The Assignment of unearned book accounts 75 Univ. Penns. L. R. 681.

[8]) Grantham v. Hawley (1616) Hobart 132 = Williston, Cases on Sales 1.

weit der Übertragende potential possession habe. Ohne Erfolg hat das Schrifttum die Richtigkeit der auf Grund solcher Analogien gefundenen Ergebnisse bezweifelt[1]). Zahlenmäßig dürften namentlich in der Rechtsprechung die Stimmen derer überwiegen, die das Bestehen eines Vertrages, auf Grund dessen die abzutretende Forderung entstehen soll, verlangen[2]). Dieses Kräfteverhältnis findet auch seinen Ausdruck in dem Restatement des American Law Institute, nach dessen sect. 154 ein Recht, dessen Entstehung in der Zukunft erwartet wird, wirksam abgetreten werden kann, wenn der Vertrag oder das Dienstverhältnis, auf Grund dessen es entstehen soll, zur Zeit der Abtretung bereits besteht. Die Abtretung von Rechten, deren Entstehung auf Grund noch nicht bestehender Verträge erwartet wird, wirkt nur obligatorisch und hindert die Pfändung durch die Gläubiger des Zedenten nicht.

Wesentlich weniger streng ist das deutsche und das englische Recht. Seit der Entscheidung des House of Lords Tailby v. The Official Receiver[3]), steht für das englische Mutterrecht und anscheinend auch für die bewidmeten Dominial- und Kolonialrechte[4]) die Zulässigkeit der Abtretung künftiger Forderungen fest. Dort wurde angenommen, daß die Abtretung aller Buchforderungen eines Kreditnehmers, die während der Dauer eines bestimmten Kreditverhältnisses in Zukunft fällig werden, möglich und voll wirksam ist. Um eine nach Statute Law wirksame Abtretung annehmen zu können, würde wegen des Erfordernisses des absolute assignment wohl stets eine genauere Spezifizierung der zukünftigen Forderungen verlangt werden[5]);

---

[1]) Vgl. besonders Williston, Contracts 1, § 414 (769).

[2]) Vgl. die im Anhang S. 170 referierten Entscheidungen.

[3]) 58 L. J. Q. B. 75. Vgl. für die Zulässigkeit der Abtretung künftiger Forderungen ferner: Percy v. Clements (1874) 43 L. J. C. P. 155.

[4]) Vgl. für *Kanada:* Power, Canadian Encyclopedic Digest (Ontario Edition) 2, 335 („Only one condition must be fulfilled to make the assignee's right attach to a future chose in action, which is, that on its coming into existence, it must be capable of identification as the thing, or one of the very things, assigned"), für *Australien:* Engl. & Empire Digest 8, 428. Für das *südafrikanische* Recht ist die Zulässigkeit der Abtretung künftiger Forderungen aus dem Urteil Jenkins & Co. v. Roberts 1912 C. P. D. 937 (zitiert nach Digest of South African Case Law I, 668) zu entnehmen. (Vgl. aber für *Schottland:* Encyclopædia of the Laws of Scotland 2, 5.)

[5]) Vgl. Earle v. Hemsworth Rural District Council 140 L. T. Rep. 69 (obiter dictum: nur debt i. S. d. Gesetzes, wenn the thing assigned arises out of an existing contract); Walker v. Bradford Old Bank (1884)

doch ist den Bedürfnissen der Praxis ja mit der Wirksamkeit in Equity, die grundsätzlich jede bis zur Konkurseröffnung entstehende Forderung erfaßt[1]), durchaus genügt. Für das deutsche Recht verneint die herrschende Ansicht zwar grundsätzlich die Gültigkeit ähnlich weitgehender Abtretungsverträge mit der Begründung, ihnen mangele „die Bestimmtheit und Bestimmbarkeit", außerdem verstößen sie gegen § 138 BGB.[2]), doch finden sich auch abweichende Entscheidungen[3]) und im übrigen, d. h. abgesehen von diesen mehr zur nächsten Problemgruppe gehörenden Fällen, läßt das deutsche Recht die Abtretung zukünftiger Forderungen unbeschränkt zu[4]); einige widersprechende Stimmen der älteren Literatur[5]) haben heute keine Bedeutung mehr. Hinsichtlich der Konstruktion des Vorganges ist meines Erachtens der Ansicht zu folgen, die annimmt, daß das Forderungsrecht sofort in der Person des Zessionars kraft der schon vorher herbeigeführten unmittelbaren Gebundenheit entsteht. So ist das erstrebenswerte Ergebnis, daß der Zessionar späteren Pfändungspfandgläubigern vorgeht, am leichtesten zu erklären[6]).

In den romanischen Rechten spielen die berührten Fragen

---

12 Q. B. D. 511 (Abtretung der gegenwärtigen und zukünftigen Forderungen gegen eine Bank nach sect. 25 ss. 6 Judicature Act, 1873 gültig), sowie Halsbury, The Laws of England 4 (s. v. choses in action) nr. 797, der die Abtretung zukünftiger Forderungen nur bei den equitable assignments behandelt.

[1]) Wilmot v. Alton (1897) 1 Q. B. 17. Doch ist zu beachten, daß eine notice an den Schuldner, die für Rangverhältnisse von Bedeutung ist, nicht möglich ist, solange nur eine expectancy besteht, Leake, On Contracts, 8. Aufl. 915 und In re Dallas 73 L. J. Ch. 365.

[2]) Z. B. RG.: Warn. Erg. Bd. 1913 Nr. 400, 1914 Nr. 274, 1916 Nr. 71.

[3]) Insbesondere RG.: Warn. Erg. Bd. 1914 Nr. 316, wo die Abtretung „sämtlicher in dem Geschäftsbetrieb der Klägerin entstehender Außenstände" für gültig gehalten wurde. Aber auch die grundlegende Entscheidung RG. 67, 166, auf die sich die in der vorigen Anmerkung zitierten Entscheidungen stützen, gehört m. E. zu dieser Gruppe. In jenem Falle fehlte es nur wirklich an der ausreichenden Bestimmtheit und Bestimmbarkeit, weil es zweifelhaft war, welche Forderungen aus Lieferungen an die Abnehmer des Zedenten gemeint waren, da dieser Inhaber eines Bergwerks, eines Grundbesitzes und eines Fuhrwerkgeschäftes war und außerdem noch einen Getreide- und Düngemittelhandel betrieb.

[4]) RG. 55, 334 und seither ständig z. B. 58, 72; 74, 82; 75, 227; JW. 1910, 230; 1913, 132. Ferner Planck-Siber § 398, 4b; Oertmann §§ 398/9, 1 g γ; Heck, Schuldrecht § 67, 1.

[5]) Z. B. (Windscheid-) Kipp, Pandektenrecht, 9. Aufl. II, 392; Eccius, Gruchot 48, 465 ff.

[6]) So: Planck-Siber § 398, 4b und (zuerst) v. Tuhr, D. J. Z.

keine so bedeutsame Rolle, da die Vorschrift des Art. 1690 c. c. und die entsprechenden Bestimmungen anderer Gesetzbücher für die praktisch wichtigsten Fälle Einschränkungen der Abtretbarkeit künftiger Forderungen herbeiführen. Im übrigen aber scheint die Entwicklung einer ziemlich weitgehenden Anerkennung von Abtretungen künftiger Forderungen durchaus zuzustreben [1]).

Es ist auch schwer einzusehen, wie Einschränkungen, die die S. 25 f. erwähnten Rechte vornehmen, überzeugend begründet werden können. In keinem der entschiedenen Fälle bereitet es irgend welche Schwierigkeit festzustellen, ob die fragliche Forderung nach dem Willen der Parteien unter die Abtretung fallen sollte. Weder ist zur späteren Bestimmbarkeit notwendig, daß ein Vertrag zur Zeit der Abtretung bereits besteht, noch daß die Person des Schuldners feststeht [2 3]). Auch das Verlangen, es müsse mindestens „genaue Bezeichnung des Rechtsgrundes" vorliegen (z. B. Oertmann) ist eine auf Grund des geltenden Rechts nicht zu begründende Forderung [4]). Die Bestimmbarkeit kann auf mancherlei andere Art gesichert werden. Es ist zuzugeben, daß bei so weitgehenden Abtretungen sich Fälle ereignen können, wo nicht mehr mit hinreichender Bestimmtheit gesagt werden kann, ob diese oder jene Forderung unter die Abtretung fällt. In solchen Fällen scheint es mir aber der Annahme einer Ungültigkeit wegen Unbestimmtheit vorzuziehen zu sein, die Abtretung wenigstens insoweit aufrecht zu erhalten, als der Abtretungswille bestimmt reicht.

Die Mißstände, die sich aus der unbeschränkten Anerkennung von Abtretungen zukünftiger Forderungen ergeben, müssen und können mit anderen rechtlichen Mitteln bekämpft wer-

1904, 429, sowie Allgemeiner Teil d. Schweiz. Obl.-R. 733; dagegen z. B. Oertmann § 398/9, 1 g γ und RG. JW. 1913, 132.

[1]) Vgl. z. B. für *Frankreich:* Planiol et Ripert, Traité pratique VII, no. 1114 (und dort Zitierte), für *Italien:* Pacifici-Mazzoni, Codice Civile, 6.—8. Aufl. 13, n. 159.

[2]) Vgl. von Tuhr, Allgemeiner Teil des Schweiz. Obl.-R. 733.

[3]) Die Gründe der Entscheidung des RG.: JW. 1932, 1663, halte ich z. T. für unzutreffend: Dort war höchstens der Betrag der zu sichernden Forderung unbestimmt. Ferner geht bei der üblichen Sicherungsabtretung die Abrede nicht notwendig dahin, daß bei teilweiser Tilgung der gesicherten Forderung die Sicherungsabtretung „der entsprechenden Forderung" unwirksam wird. Richtig i. S. d. Textes dagegen jetzt: RG. 136, 100 und KonkTreuh. 1932, 159 (vgl. z. d. aufgew. Fragen Stulz, JW. 1932, 1966 und Matthiessen ZentrBlHR. 1932, 43 u. KonkTreuh. 1932, 86, 154).

[4]) Schumann, Die Forderungsabtretung 112.

den. Williston hat recht, wenn er bei der Erörterung der Möglichkeit, daß sich jemand für alle Zukunft jeglicher Vermögensrechte entäußern könne, sagt: Some limit must be set. Die Grenze wird in allen Rechten durch die Verbote unsittlicher oder gegen die public policy o. ä. verstoßender Rechtsgeschäfte leicht zu finden sein. Das Verlangen, der Vertrag, aus dem die abzutretenden Forderungen entspringen, müsse bereits vorhanden sein, ist eine arbitrary limit (Williston). Auch alle anderen Versuche, mit zessionsrechtlichen Normen hier einschränkend vorzugehen, sind meines Erachtens untauglich. So wenn ein amerikanischer Schriftsteller [1]) die Abtretung dann zuläßt, wenn die Aussicht auf das Entstehen begründet ist, „upon an existing contract or potential possession with proper limitations". Bei der zweiten Möglichkeit ist anscheinend an Fälle gedacht, wo der Besitz eines körperlichen Gegenstandes (Dreschmaschine) den dadurch ermöglichten Forderungserwerb wahrscheinlich macht. Nicht widerlegbar, aber auch nicht beweisend ist die zur Begründung der Unmöglichkeit weitergehender Abtretungen aufgestellte Behauptung, diese widersprächen dem whole spirit of our law [2]) und den principles and spirit of our jurisprudence [3]). Daß im Zusammenhang mit der Sicherungsabtretung künftiger Forderungen sich Mißstände ergeben, die die Aufmerksamkeit des Gesetzgebers verdienen, wird weiter unten zu zeigen sein.

2. Die Frage der Bestimmtheit der abgetretenen Forderung spielt noch bei einer anderen Gestaltung eine beträchtliche Rolle, nämlich bei der Einstellung der einzelnen Rechte gegenüber der Abtretung einer oder mehrerer Gruppen von Forderungen, seien es nun alle gegenwärtigen und zukünftigen schlechthin, oder doch eine gattungsmäßig bezeichnete größere Gruppe von ihnen.

Am meisten kommen hier das deutsche und das englische Recht den Wünschen des Verkehrs entgegen, während das französische Recht und — soweit ich sehe — auch die übrigen Rechte mit Notifikationspflicht (trotz der Zulassung der Zession künftiger und bedingter Forderungen [4])) eben infolge der Notwendigkeit der signification, bei der Schuldner und Betrag der abgetretenen Forderung feststehen müssen [5]), praktisch derartige Fälle nicht kennen.

[1]) 2 Minn. L. R. 42.
[2]) 2 Minn. L. R. 43.
[3]) Taylor v. Barnton — Child Co. 117 N. E. 43 (= 228 Mass. 126).
[4]) Juris-Classeur Civil Art. 1689 no. 29 ff., 42 ff. und dort Zitierte.
[5]) Laurent, Principes de Droit Civil français. 3. Aufl. 24 no. 466.

Gegenwärtige und zukünftige Mietzinsforderungen, die dem Eigentümer einer Reihe von Häusern je erwachsen werden, kann er nach Ansicht des Reichsgerichts [1]) abtreten [2]) und nach Ansicht der Court of Appeal ist noch weitergehend — wie wir sahen — die Abtretung sämtlicher zukünftigen book-debts aus allen möglichen vom Zedenten in Zukunft betriebenen Geschäftszweigen nicht wegen ihrer Unbestimmtheit unwirksam [3]). Die bloßen Schwierigkeiten festzustellen, was unter diese Abtretung falle, hindere die Gültigkeit nicht [4]).

Unmöglich ist es wegen der mangelnden Bestimmtheit nur, daß von mehreren Forderungen ein nur summenmäßig bestimmter Teil abgetreten wird, ohne Angabe, wie er sich auf die einzelnen Forderungen verteilt [5]). Jedoch wird verständige Auslegung des Vertrages in scheinbar so gelagerten Fällen meist eine Abtretung der gesamten Forderungen zur Sicherheit als gewollt feststellen, die im Vertrag zu unvollkommenem Ausdruck gelangt ist; die genannte Summe gibt dabei nur den Betrag an, nach dessen Eintreibung der Zessionar zur Rückübertragung verpflichtet ist [6]). Die in einem nordamerikanischen Urteil einer ähnlichen Abtretungsklausel gegebene Auslegung, der Zessionar dürfe sich Forderungen in dem genannten Betrag aus den Forderungen des Zedenten auswählen, die dann als von Anfang an der Zessionarin haftend anzusehen seien [7]), scheint mir für das deutsche Recht unmöglich zu sein: eine gegenwärtige Verfü-

---

[1]) JW. 1910, 230.

[2]) Oft wird eine Abtretung aller künftig erworbenen Forderungen wegen der darin liegenden unsittlichen Knebelung des Zedenten nichtig sein. RG. 67, 168 und Warn. 1910, 449. Franz Leonhard, Allgemeines Schuldrecht des BGB. I, 655. Vgl. auch v. Tuhr, Allgemeiner Teil des Schweizerischen Obligationenrechts 734.

[3]) Für die mit *englischem* Recht bewidmeten Gebiete des Empire dürfte im allgemeinen das gleiche gelten (vgl. für *Australien* die bei Eagleson, The Law relating to Bills of Sale, 153 referierte Entscheidung London Chartered Bank v. Fischer). Anders *Neuseeland*, wo die Bestimmung der sect. 31 Chattels Transfer Acts 1924—25 (in die über die Sicherungsabtretung zu errichtende Urkunde muß u. a. Name des Schuldners und Forderungsbetrag aufgenommen werden), die Abtretung vieler zukünftiger Forderungen hindert.

[4]) Lord Watson in Tailby v. Official Receiver 58 L. J. Q. B. 75 = (1888) 13 A. C. 532.

[5]) RG. 92, 238; KG.: OLG. 24, 305; für England Jones v. Humphreys (1902) 1 K. B. D. 10 (für die Abtretung nach Statute Law).

[6]) RG.: Seuff. Arch. 60, 191.

[7]) Preston Nat. Bank v. George T. Smith Middlings Pur. Co. 47 N. W. 502 (= 84 Mich. 364).

gung, bei der der Gegenstand der Verfügung der künftigen Bestimmung einer Partei überlassen bleibt, ist unserem Recht unbekannt [1]).

Im Gegensatz zu diesen Rechten steht die österreichische Rechtsprechung. Sie hat die Abtretung aller Buchforderungen eines Kaufmanns für nichtig angesehen [2]). Die Begründung stützt sich auf § 869 ABGB. Danach muß eine Vertragserklärung „bestimmt" sein. Das wurde verneint, obwohl in dem entschiedenen Fall die Abtretung der „auf Seite 1 bis 240 ersichtlichen Forderungen" in dem Handelsbuch des Sicherungsgebers verzeichnet worden war. Es bedürfe der Notiz bei jeder einzelnen Forderung und der Übergabe eines von Fall zu Fall zu ergänzenden Verzeichnisses.

Nach der deutschen Rechtsprechung würde solch ein Vertrag als gültig angesehen werden. Der Gegensatz zwischen dem deutschen und dem österreichischen Recht scheint sehr groß zu sein und ist es sicher auch für die Praxis. Doch beruht er auf keiner grundsätzlichen Verschiedenheit der Rechtsordnungen. Auch wir nehmen an, daß ein Vertrag, dessen Inhalt nicht genügend bestimmt ist, nichtig ist [3]). Die Kenntnis der Tatsache aber, daß ein verwandtes Recht trotz Einheitlichkeit des Ausgangspunktes zu verschiedenem Ergebnis gelangt, sollte zur Folge haben, den eigenen Standpunkt noch einmal zu überdenken. Mir scheint, daß in derartigen Fällen die Bestimmtheit des Vertragsinhalts nicht wohl bezweifelt werden kann, mag auch unter Umständen später der Nachweis, ob eine Forderung unter die Gesamtabtretung fiel, schwer sein. Ebenso wie bei der Sicherungsübereignung eines Warenlagers besteht höchstens die Gefahr, daß außerhalb des Vertrages liegende nachträgliche Umstände die spätere Feststellung der vom Vertrage ergriffenen Forderungen erschweren; das aber beeinträchtigt die Bestimmtheit des früher geschlossenen Vertrages nicht [4]). Nun spricht allerdings vieles gegen ähnliche Gruppenübertragungen von Forderungen, oft werden sie den Übertragenden unbillig bedrücken, oft Gläubiger und sonstige Dritte zu schädigen ge-

---

[1]) Vgl. auch RG. 90, 248, wo eine Abtretung der jeweils jüngsten Forderungen, die der Zessionar aber nur bei Beendigung des Kreditgeschäftes sollte einziehen dürfen, m. R. für unwirksam erachtet wurde.

[2]) Oberster Gerichtshof Wien (27. X. 1925) Zentr.-Bl. Jur. Praxis 1926, 198 (Nr. 64).

[3]) Vgl. z. B. für die Sicherungsübereignung RG. 113, 59 f.; 132, 187 f.

[4]) Vgl. dazu jetzt besonders RG. 132, 188.

eignet sein. Hiergegen schaffen aber andere Rechtsregeln schon jetzt meist Abhilfe.

3. Im Zusammenhang mit der Sicherungsabtretung wird in verschiedenen Rechten die Frage erörtert, in welchem Umfange der Sicherungszessionar dem Sicherungszedenten Ausübung und Nutzung der Gläubigerrechte überlassen dürfe, damit das Sicherungsgeschäft noch als eine wirksame Abtretung betrachtet werden könne. Das deutsche Reichsgericht hat in ständiger Rechtsprechung angenommen, daß eine Forderungsübertragung begriffsnotwendig verlange, daß das Einziehungsrecht des Abtretungsempfängers nicht dauernd ausgeschlossen sei. Eine zeitliche Beschränkung dieses Rechts soll dagegen der Wirksamkeit der Forderungsabtretung nicht entgegenstehen [1]). Doch wurde die Wirksamkeit einer Sicherungsabtretung in einem Falle verneint, wo nach den Feststellungen des Berufungsgerichts das Einziehungsrecht des Abtretungsempfängers nur im Falle der Zwangsvollstreckung in das Vermögen des Abtretenden oder im Falle der Eröffnung des Konkurses über dessen Vermögen gegeben sein sollte [2]). Indiz für das Vorliegen einer derartigen unwirksamen Abtretung ist u. a. die ausdrückliche oder stillschweigende Vereinbarung, daß der Schuldner von der Abtretung nichts erfahren solle. Auch die Abrede, daß der Zedent zur Einziehung im eigenen Namen und für eigene Rechnung berechtigt bleiben soll (meist in Verbindung mit der Bestimmung, daß er jeweils andere Forderungen zur Sicherung des Zessionars abzutreten hat) steht nach Ansicht des Reichsgerichts einer wirksamen Abtretung entgegen [3]) (vgl. dazu auch unten S. 34 ff.).

Vielleicht noch strenger in der erwähnten Beziehung sind eine Anzahl von Urteilen nordamerikanischer Bundesgerichte. Jene Rechtsprechung nimmt ihren Ausgangspunkt von den sogenannten fraudulent conveyances und den fraudulant preferen-

---

[1]) Z. B. RG.: JW. 1905, 718; JW. 1914, 528; Warn. Erg. 1911, Nr. 14; RG. 90, 248, 274 und neuerdings RG. 133, 242, sowie dort zitierte Entscheidungen. — Ähnlich anscheinend Lassen, Obligationsretten, Almindelig Del, 3. Aufl. 545.

[2]) RG. 92, 109. Die hier vertretene Rechtsansicht wurde zwar in der Entscheidung 133, 242 nicht ausdrücklich aufgegeben, sie scheint mir aber mit dem dort ausgesprochenen und angewandten Grundsatz im Widerspruch zu stehen.

[3]) Gruchot 60, 851; LeipzZ. 1916 Sp. 675; RG.: JW. 1914, 830. Zustimmend Ehrenzweig, System des österreichischen allgemeinen Privatrechts 2, 1, § 329 III 1.

ces, Tatbeständen, die im deutschen Recht etwa der konkursrechtlichen und außerkonkursrechtlichen Anfechtung entsprechen. Das bedeutendste der neueren Urteile ist die Entscheidung der Supreme Court i. S. Benedict v. Ratner [1]). Dort hatte ein Schuldner an einen Gläubiger zur Sicherung von Darlehen seine gesamten gegenwärtigen und zukünftigen Außenstände abgetreten. Im Vertrag war vereinbart, daß eine Liste der bestehenden Außenstände sofort und eine Ergänzungsliste monatlich an den Zessionar gegeben werden sollte. Die Außenstände sollte der Schuldner einziehen. Der Gläubiger hatte das Recht, zu verlangen, daß das eingezogene Geld zur Deckung seiner Forderung verwandt werden solle. Solange er dies Verlangen jedoch nicht gestellt hatte, konnte der Schuldner über das eingezogene Geld frei verfügen und brauchte die eingezogenen Forderungen auch nicht durch andere gleich hohe zu ersetzen. Die Tatsache der Abtretung sollte geheim gehalten und das Geschäft wie bisher fortgeführt werden. Dieses assignment wurde für ungültig gehalten. Die Gültigkeit der Abtretung gegenwärtiger und zukünftiger Forderungen an sich wurde vom Gericht nicht bezweifelt, es hält die erwähnte Abtretung jedoch deshalb für ungültig, weil der Schuldner über die eingezogenen Beträge frei sollte verfügen können. Damit habe er das unfettered dominion behalten; wenn auch in dem Urteil an verschiedenen Stellen noch Ausdrücke gebraucht werden, die auf eine Prüfung der oben erwähnten beiden Anfechtungsbestände hindeuten, so handelt es sich hierbei doch nur um Hilfserwägungen: Die Abtretung ist — so faßt auch Glenn (Fraudulent Conveyances § 204) das Urteil auf — wegen der erwähnten Einschränkung absolut unwirksam. Die Entscheidung Benedict v. Ratner hat bei den Bundesgerichten seither regelmäßig Nachfolge gefunden [2]).

4. Mit dem eben Erörterten steht ein anderer Einwand im Zusammenhang. Man sagt, es sei nach deutschem Recht [3]) über-

---

[1]) (268 U. S. Rep. 353 =) 45 Supr. Ct. Rep. 566. Vgl. von früheren Urteilen: In re Stiger 202 Fed. 791. Aus der Literatur: Corbin, Assignment of contract rights 74 Univ. Penns. L. R. 207 ff.

[2]) Vgl. In Re Bernard & Katz (1930) 38 Fed. (2nd) 40, sowie die im Anhang S. 170 referierten Entscheidungen.

[3]) Eine monographische Behandlung der Frage (auch nach *österreichischem* Recht) gibt Löbl, Geltendmachung fremder Forderungsrechte im eigenen Namen, ZivArch. 129, 257 ff. und 130, 1 ff. (wobei allerdings Beispiele und Argumente meist dem Gebiet der nicht ganz gleich liegenden Inkassozession entnommen sind).

haupt unmöglich, ein Forderungsrecht in der Weise zu spalten, daß die Einziehungsbefugnis einem anderen als dem Inhaber des Rechts zustehe [1]). Die deutsche [2]) Rechtsprechung teilt diese Ansicht nicht [3]). Das Reichsgericht hat als Voraussetzung für die Zulassung einer gewillkürten Prozeßstandschaft nur das Vorliegen eines berechtigten Interesses auf Seiten des zur Einziehung Berechtigten gefordert [4]). Unzweifelhaft hat der Sicherungsgeber ein gewichtiges Interesse daran, dem Schuldner nicht erkennbar werden zu lassen, daß er die Forderung abgetreten hat: von dieser Nichtaufdeckung des geschehenen Sicherungsgeschäftes und, damit zusammenhängend, von der Einziehung der Forderung durch den Sicherungsgeber hängt unter Umständen die Aufrechterhaltung von dessen geschäftlichem Rufe ab. Fast stets aber würde ihm das Bekanntwerden der Abtretung fühlbaren materiellen Schaden bringen.

Die Einwendungen der Rechtslehre gegen die Spaltung des Forderungsrechts sind verschiedener Art: am häufigsten wohl kehrt die Behauptung wieder, die gesetzliche Regelung einiger bestimmter Fälle der Prozeßstandschaft (z. B. § 1380 BGB.) spreche dagegen, daß gesetzlich nicht zugelassene neue Fälle vom Verkehr geschaffen werden könnten; ferner sei der zur Begründung geltend gemachte Hinweis auf § 185 BGB. unrichtig, da § 185 nur dazu führen könne, einer Leistung an den Legitimierten schuldbefreiende Kraft beizumessen, nicht aber den Schuldner zu solcher Leistung verpflichten könne — abgesehen

---

[1]) Z. B. Siber bei Planck, 4. Aufl. § 398 1 b β, sowie Iherings Jhrb. 70, 292; Kisch RG.-Festschrift Bd. 6, 32 Note 26; Haymann, JW. 1932, 397 ff.; Stein-Jonas, 14. Aufl. Vor § 50 I 2; v. Tuhr, Allgemeiner Teil § 45 zu Note 14 und 15, sowie Allgemeiner Teil des Schweiz. OblR. § 93 bei Note 76; Leonhard, Allgemeines Schuldrecht § 345; Gierke, Deutsches Privatrecht 3, 203.

[2]) Die *österreichische* ist nicht einheitlich, vgl. vor allem Oberster Gerichtshof v. 23. März 1926 S. Z. VIII, Nr. 83 und vom 7. April 1927 Z. Bl. 45, Nr. 217 (gegen die Einziehungsermächtigung). Das Urteil vom 4. Oktober 1927, Rechtspr. 10 Nr. 4 beruht dagegen vielleicht auf der Gegenmeinung. Ein neueres *ungarisches* Urteil läßt die Einziehungsermächtigung zu: ZOstR. 5, 836 („prinzipielle Entscheidung" vom 17. Mai 1930).

[3]) Vgl. z. B. RG. 53, 417; 73, 306; 91, 390; 94, 137; JW. 1926, 252; neuerdings (für Sicherungsabtretungen) RG. 133, 234; 136, 100 u. KonkTreuh. 1932, 159, aber auch z. B. Enneccerus-Lehmann, Recht der Schuldverhältnisse 11. Bearb. § 80 IV 2. Jedoch haben ältere Urteile entgegengesetzt entschieden, vgl. z. B. RG.: JW. 1908, 479 und Warn. 1911 Nr. 14.

[4]) Z. B. RG. 91, 396.

davon, daß § 185 nur Verfügungen, nicht aber die Prozeßführung betreffe. Der für die Neubildung angeführte Grundsatz der Parteiautonomie bestehe nur für die Begründung vertraglicher Schuldverhältnisse, nicht aber für Verfügungsgeschäfte. Die Entäußerung des Klagerechtes oder die Zustimmung zu der Ausschließung seines Erwerbs sei logisch unmöglich [1]), sie bedeute für den Berechtigten eine capitis diminutio, die gegen den Zweck der Rechtsordnung verstoßen würde [2]). Die Ausdehnung der Rechtskraft des zwischen dem Einziehungsberechtigten und dem Schuldner ergangenen Urteils auf den Gläubiger lasse sich nach unserem positiven Rechte nicht begründen [3 4]).

Manche dieser Einwendungen sind wenig stichhaltig. Denen, die aus der gesetzlichen Regelung einiger Fälle der Spaltung die Unmöglichkeit der Zulassung anderer ähnlicher durch die Parteien geschaffener Gebilde herleiten, ist entgegenzuhalten, daß jene gesetzlichen Bestimmungen nur aussprechen, in welchen Fällen jene Spaltung (deren Möglichkeit vorausgesetzt ist) von Gesetzes wegen stattfinden soll. Bezüglich der Parteiautonomie ist zwar richtig, daß das Gesetz sie nur für die Begründung vertraglicher Schuldverhältnisse anerkennt, es wäre aber unrichtig, deshalb die an keiner Stelle verbotene Einführung dieses wichtigen Prinzips in andere Rechtsgebiete allein deshalb zu unterlassen, obschon gewichtige Interessen der Beteiligten sie heischen und keine überwiegenden anderen Interessen dagegen sprechen [5]). Das ist auch dem Argument von der nach dem Zweck der Rechtsordnung unzulässigen capitis diminutio entgegenzuhalten: der Zweck der Rechtsordnung gebietet billigen Ausgleich der Interessen der Rechtsgenossen; verlangt dieses Ziel die Einführung des Instituts, so können konstruktive Erwägungen nicht hindernd im Wege stehen. Die Bedenken gegen die Verwendung des Wortes Ermächtigung [6]) sind zwar berechtigt, tref-

[1]) Max Wolff, Wesen und Voraussetzungen der Zession 124 f., vgl. v. Tuhr, Allgemeiner Teil § 45 zu Note 15 („Denaturierung der Rechtsbegriffe").

[2]) Goldschmidt, Prozeß als Rechtslage 326.

[3]) Kisch in RG.-Festschrift Band VI, 32 Note 26.

[4]) Löbl, Ziv.-Arch. 129, 326 glaubt, stille Zessionen, bei denen der Zedent für eigene Rechnung einziehen darf, geschehen regelmäßig nur zu dem Zweck der Gläubigerbenachteiligung.

[5]) Heck, Schuldrecht, § 68, 2. Zur Interessenbewertung vgl. noch unten S. 38 ff.

[6]) Dazu Löbl a. a. O. 281 f. Von Ermächtigung i. S. d. § 185 BGB. spricht auch das neueste Urteil des Reichsgerichtes: RG. 133, 234 = JW. 1932, 397.

fen aber nur die Terminologie; es ist in der Tat der bisherigen Sprechweise nicht gemäß, von Ermächtigung zur Forderungseinziehung auch da zu sprechen, wo dem Ermächtigten ein Anspruch gegen den Schuldner gegeben werden soll. Auch mit einer Hinzunahme des Anweisungsbegriffs [1]) kann man die gewollte Rechtslage nicht juristisch einwandfrei umschreiben, aber damit ist für die Beurteilung der „Einziehungsabspaltung" kein neues Erkenntnismittel gewonnen. Dafür muß in erster Linie die Interessenlage entscheiden.

Die Einwendungen zivilprozessualer Art scheinen auf den ersten Blick ernster. Schon die Tatsache, daß der Rechtsprechung nicht sicher zu entnehmen ist, ob die Erstreckung der Rechtskraftwirkungen auf den wirklichen Gläubiger unmittelbar [2]) oder auf dem Wege über eine Einrede der Arglist erfolgen soll [3]), zeigt die Schwierigkeiten, denen die Konstruktion des Rechtsverhältnisses begegnet.

Aber die Schwierigkeiten sind überwindbar. Wir finden im Gesetz ganz ähnliche Rechts- und Interessenlagen geregelt, bei denen der Gesetzgeber die möglichen Schwierigkeiten in Kauf genommen hat. Die dortige Wertung kann uns bei unseren Zweifeln Vorbild sein. So ist in § 1281 BGB.[4]) bei Verpfändung einer Forderung sowohl dem Pfandgläubiger wie dem Gläubiger das Recht gegeben, vor Eintritt der Pfandreife vom Schuldner zu verlangen, daß er an beide gemeinschaftlich leistet. Für diesen Fall wird angenommen, daß das Urteil zwischen dem Schuldner und dem Pfandgläubiger nicht gegen den Gläubiger wirkt [5]). Die darin liegende Erschwernis der Lage des Schuldners hat den Gesetzgeber nicht von dieser Regelung abgehalten. In unserem Fall einer befristeten oder bedingten [6]) Abspaltung des Einziehungsrechts ist die Rechtslage des Schuldners aber wesentlich besser. Denn mit Recht nimmt man allgemein an, daß die Ausdehnung der Wirkungen eines Urteils zwischen dem Schuldner und dem Ein-

---

[1]) Wie dies (Enneccerus-)Lehmann a. a. O. Anm. 28 tut.

[2]) So Stein-Jonas § 325 VI, 1 und anscheinend Staub-Koenige § 368 Anm. 116.

[3]) RG. 73, 309 nimmt, wie das Zitat RG. 36, 55 ergibt, das letztere an. Vergl. auch RG. 83, 120 und JW. 1929, 1747, sowie Löbl: ZivArch. 130, 38. Einen Unterschied zwischen beiden Begründungen leugnet Kisch a. a. O.

[4]) Entsprechendes gilt auch für § 1282 und § 1077 BGB.

[5]) RG. 83, 120; Rosenberg, Zivilprozeßrecht, 3. Aufl. 533.

[6]) Etwas anderes wäre sinnlos und kommt nicht vor.

ziehungsberechtigten auf den Forderungsgläubiger notwendig ist. Zwar handelt es sich meines Erachtens nicht um eine Erstreckung der Rechtskraft schlechthin — die gesetzlich geregelten Fälle dieser Art sind unserem Tatbestand nicht rechtsähnlich —, aber die Einrede der allgemeinen Arglist ist gegenüber einer neuen Klage des Forderungsgläubigers begründet: er würde arglistig handeln, wenn er die Einziehungshandlungen des von ihm selbst mit der Einziehung Betrauten nicht gegen sich wirken lassen wollte, wie wenn er selbst sie vorgenommen hätte. Die gesetzliche Regelung des Verhältnisses von Pfandgläubiger, Gläubiger und Schuldner bietet uns noch ein wichtiges Argument für die Richtigkeit unserer Ansicht, daß — obwohl die gesetzliche Normierung der Vertragsfreiheit sich auf die Entstehung obligatorischer Rechtsverhältnisse beschränkt — auch bei der Ausgestaltung von Verfügungsgeschäften über Forderungen die Parteien nicht nur an die im Gesetz ausdrücklich geregelten Typen gebunden sind. Denn es ergibt sich aus § 1284 und ist unbestritten, daß Pfandgläubiger und Gläubiger vereinbaren können, der eine oder andere von ihnen solle ohne die Schranken des § 1281 Satz 2 zur Einziehung berechtigt sein; diese Abrede bedarf auch nicht etwa, um wirksam zu sein, der Anzeige an den Schuldner [1]). Aus dieser gesetzlichen Beurteilung einer ähnlichen tatsächlichen Lage folgt auch, daß es keinen Unterschied machen kann, ob der Sicherungsnehmer neben dem Zedenten zur Einziehung berechtigt sein soll oder ob der Zedent (befristet oder bedingt, s. ob. S. 37) alleiniger Einziehungsberechtigter werden soll.

Zweifelhaft ist aber, ob bei Sicherungszessionen, die nicht nach außen in die Erscheinung treten, in der Regel überhaupt die Rechtslage gewollt ist, deren Zulässigkeit wir eben zu beweisen suchten. Mir scheint, als ob eine Spaltung der Forderung in dem von der Doktrin beanstandeten Sinne nur selten stattfinden sollte. Wir sahen oben, wie die Interessen des Sicherungsgebers verlangen, daß er weiter als Forderungsberechtigter nach außen erscheint; solange das Kreditverhältnis normal abgewickelt wird, stehen dem keine Interessen des Kreditgebers entgegen. Er wird bereit sein, in eine Durchführung des Sicherungsgeschäfts zu willigen, bei der nach außen der Sicherungsgeber als Inhaber der Forderung erscheint. Da er nun

---

[1]) Vgl. Planck-Brodmann, 4. Aufl. § 1281, 1 und § 1284; Staudinger-Kober, 9. Aufl. § 1284 c.

aber in der Regel die stärkere der beiden Parteien ist, wäre es schwer verständlich, wenn er in der Wahrung jener Belange des Zedenten weiter ginge, als unbedingt notwendig ist. Das täte er aber, wenn eine wirkliche Spaltung der Forderung, sei es auch bedingt, vorgenommen wird. Immer müßte er, wenn er die Forderung selbst geltend macht, mit dem Einwand rechnen, daß mangels des Eintritts der Bedingung noch der Sicherungsgeber aktiv legitimiert sei. An der Möglichkeit solchen Streites hat weder der Sicherungsgeber ein berechtigtes Interesse noch wird der Kreditgeber mit ihrer Herbeiführung einverstanden sein. Die Verpflichtung der Parteien, die Abtretung während der normalen Abwicklung des Kreditverhältnisses nicht nach außen in Erscheinung treten zu lassen, reicht vollkommen aus. Verletzt etwa der Zessionar diese Pflicht, so kann er dem Zedenten schadensersatzpflichtig sein. Aber der Schuldner, der nach der Kenntniserlangung an den Zedenten leistet oder sich auf eine Klage mit ihm einläßt, erzielt damit keine Wirkung gegenüber dem Zessionar. Diese aus der üblichen Interessenlage gewonnene Auslegung oder Ergänzung des Parteiwillens stimmt auch sicher mit dem überein, was Geschäftsparteien sich in der Regel vorgestellt hätten, wenn sie über den rechtlichen Gehalt des vorgenommenen Sicherungsgeschäfts überhaupt nachgedacht hätten. Die Spaltung einer Forderung ist eine Konstruktion, die dem Durchschnittskaufmann wohl fern liegt und mangels besonderer Abrede nicht angewandt werden sollte [1]). Es ist in der Tat für Laien nicht leicht einzusehen, daß jemand Gläubiger einer Forderung ist, aber ein anderer das Recht zur Einziehung der Forderung im eigenen Namen auch dann noch gegenüber dem Schuldner hat, nachdem die Abrede der Sicherungsparteien aufgedeckt ist [2]).

Viele Mißverständnisse scheinen mir durch die Verwendung des Wortes Einziehungs*recht* hervorgerufen zu sein. Von einem Einziehungsrecht des Zedenten kann man sowohl sprechen, um auszudrücken, daß er zur Vornahme der in § 407 BGB. erwähnten Rechtshandlungen im Verhältnis zum Zessionar be-

---

[1]) a. A. *Löbl* a. a. O. 265 (für die Inkassozession).

[2]) Übrigens liegt doch auch in der Erhebung der Interventionsklage eine Geltendmachung. Wenn die „Spaltung" solange wirken soll, als der Zedent seinen Verpflichtungen aus dem Sicherungsgeschäft pünktlich nachkommt, und dieser ihnen trotz der Pfändung der Forderung nachkommt, müßte ja sonst der Kreditgeber gehindert sein, sein Gläubigerrecht an der übertragenen Forderung gemäß § 771 ZPO. geltend zu machen.

rechtigt ist[1]), wie, um auszudrücken, daß der Schuldner auch bei Kenntnis des Sicherungsgeschäfts verpflichtet ist, an den Sicherungsgeber zu leisten. Die erste Möglichkeit ist die im Zweifel gewollte, die zweite die seltenere, aber auch durch Parteiwillen herbeiführbare.

Die eben gegebene Auslegung der Sicherungsabtretung wird der üblichen Lagerung solcher Geschäfte gerecht. Der Kreditnehmer kann aber wirtschaftlich so stark sein, daß er das Sicherungsgeschäft nur abzuschließen wünscht, wenn die Abspaltung des Einziehungsrechtes vorgenommen wird. Das Interesse des Zessionars kann gleiches verlangen: die von mir als üblich bezeichnete Gestaltung hat den Nachteil, daß der Schuldner, sobald er von dem Sicherungsgeschäft Kenntnis erlangt hat, häufig nur noch an den Zessionar leisten wird. Das wird vielen Sicherungszessionaren, z. B. wegen der Art ihres Geschäftsbetriebes sehr unerwünscht oder sogar fast undurchführbar sein[2]). Daß die Erfüllung solcher Wünsche der Parteien rechtlich möglich ist, wurde oben schon ausgeführt.

5. Außer in Deutschland und den Vereinigten Staaten scheint das Problem der eingeschränkten Abtretung kaum irgendwo behandelt zu sein[3]). In erster Linie wird dies daran liegen, daß meistens andere Normen des Abtretungsrechts die Belassung allzugroßer Macht beim Zedenten unmöglich oder doch gefährlich machen (das erstere da, wo die Notifikation zur wirksamen Abtretung gehört, das letztere da, wo Bestimmungen, wie die reputed ownership-Klausel die Abtretung mit konkursrechtlicher Unwirksamkeit bedrohen); in zweiter Linie ist dies m. E. darauf zurückzuführen, daß all die Einwendungen, die gegen solche Abtretungen geltend gemacht werden können, nicht vom Richter, sondern nur vom Gesetzgeber zu würdigende Momente darstellen.

An der Ernstlichkeit des Parteiwillens, die Abtretung

---

[1]) Eine Folge daraus ist z. B., daß die Herausgabepflicht sich nicht nach § 816 Abs. 2 bemißt (so Hoeniger, Die Diskontierung von Buchforderungen S. 24), sondern daß sie sich aus den Kausalbeziehungen zwischen Zedent und Zessionar (also einem Geschäftsbesorgungsvertrag) ergibt.

[2]) Darin läge dann das von der Rechtsprechung geforderte „rechtsschutzwürdige Interesse des als Kläger auftretenden Ermächtigten an der gerichtlichen Geltendmachung des Rechts im eigenen Namen" (RG. 91, 396). Vgl. dazu auch Stampe, JW. 1921, 480.

[3]) Für *Österreich* vgl. oben S. 35 Anm. 2 und für *Norwegen:* Bech: Konkurslovgivningen 2. Aufl. 497.

an sich, insbesondere für die Ernstfälle des Konkurses und der Zwangsvollstreckung zu wollen, kann kein Zweifel sein; ferner ist nicht einzusehen, warum eine Abschwächung der normalen Abtretungswirkungen hier nicht zugelassen werden soll, die doch in manchen anderen Fällen anerkannt wird[1]). Eine ähnliche Interessenlage hat der Gesetzgeber in § 392 Abs. 2 HGB. durch eine ähnliche Spaltung der Forderungszuständigkeit geregelt: die Bestimmung ist namentlich für den Fall geschaffen, daß der Kommissionär sich in Zahlungsschwierigkeiten befindet, dann erkennt der Gesetzgeber ein schutzbedürftiges Interesse des Kommittenten an, seine Rechte hinsichtlich der Forderung geltend zu machen. Richtig ist nur, daß oft die Möglichkeit einer Irreführung der Öffentlichkeit bei Abtretungen mit ähnlichen Klauseln in sehr hohem Maße stattfindet. Keineswegs kommt es aber stets zu solcher Beeinträchtigung der Verkehrsinteressen. Ähnliches ergibt sich bei der Betrachtung der Interessen der Zessionsparteien: In den meisten Fällen wird die Gültigkeit des beabsichtigten Sicherungsgeschäfts wohlverstandenem Interessenausgleich dienen; zuweilen wird das Interesse einer Partei dabei nicht genügend gewahrt werden. Hier den Ausgleich zu finden, kann nicht Aufgabe des Richters sein: mehr noch als an einem im Einzelfall billigen Interessenausgleich liegt gerade hier an einer bestimmten Norm, durch die die richterliche Entscheidung im voraus leicht berechenbar wird — ein unerreichbares Ziel, wenn man den Richter im Einzelfall die gegenüberstehenden Interessen abwägen läßt. Hinzu kommt folgendes: Nach der Entwicklung der letzten Jahre kann kein Zweifel daran sein, daß Sicherungsabtretungen mit einer oder mehreren der besprochenen Eigenarten eine wirtschaftliche Notwendigkeit sind — ihre Verbreitung und die stete Bemühung der Kautelarjuristen um ihre Ausgestaltung und rechtliche Sicherung beweisen das. Die Interessen der Öffentlichkeit verlangen nicht, daß solche Abtretungen unwirksam sind, sondern nur, daß sie für den Verkehr erkennbar sind. Die Behandlung durch Richterspruch führt aber zu der Alternative: wirksam oder unwirksam. Bei solcher Wahl muß m. E. die Entscheidung meist zugunsten der von den berechtigten Interessen der Zessionsparteien geforderten Gültigkeit lauten: der Verkehr muß mit derartigen nach außen nicht in die Erscheinung tretenden

---

[1]) Vgl. dazu Beseler, Abgeschwächte Zession Ziv.Arch. 110, 114.

Sicherungsgeschäften rechnen und kann sich durch Nachforschungen weitgehend sichern.

Es besteht meist kein schutzwürdiges Interesse der Öffentlichkeit daran, daß jemand, der eine einzelne Forderung unter Vereinbarungen, die ihm das unfettered dominion in dem erörterten Sinne sichern, abgetreten hat, weiter als Forderungsinhaber behandelt werden muß. Bedenklich werden solche Zessionen erst, wenn sie eine größere Zahl, womöglich alle Forderungen des Zedenten umfassen und auch künftig entstehende Forderungen unter sie fallen. Die Entwicklung der letzten Jahre hat aber zur Genüge gezeigt, daß weite Wirtschaftskreise in vielen Ländern solche Abtretungen für unentbehrlich und nützlich halten. Die Entscheidung zwischen den für ihre Aufrechterhaltung sprechenden Interessen und den Interessen der Öffentlichkeit an der Klarstellung der Vermögensverhältnisse der Kreditnehmer kann nicht in der Weise gefunden werden, daß man die einen oder die anderen Interessen als wichtiger und solche Abtretungen als wirksam oder nichtig bezeichnet. Die richtige Entscheidung muß in einem Ausgleich der Interessen der beteiligten Gruppen bestehen, den allerdings nur der Gesetzgeber anordnen kann. Die Grenzziehung zwischen dem gewöhnlichen Zessionsrecht und dem geforderten Sonderrecht ist nicht leicht. Aber eine gewisse willkürliche Grobheit der Unterscheidung ist hier ohne schwerere Folgen, da die Nichtigkeit der unter Sonderrecht stehenden „Sicherungsabtretungen“ erst dann eintritt, wenn bestimmte Publizitätsvorschriften nicht erfüllt sind. Es dürfte möglich sein, bei der Abgrenzung der unter Sonderrecht stehenden Abtretungen von dem Begriff „Sicherungsabtretung“ auszugehen und weiter nur die Zession mehrerer Forderungen durch einen Gewerbetreibenden an den gleichen Zessionar darunter zu begreifen. Zu erwägen wäre ferner, trotz Vorliegens dieser Voraussetzungen die Registrierung oder Einreichung dann nicht zu erfordern, wenn der Schuldner von der Abtretung benachrichtigt ist. Ein gutes Beispiel für ein solches Gesetz bildet der Entwurf eines Uniform Chattel Mortgage Act von 1926—30 [1]), in dessen Bestimmungen nach dem Zeugnis seiner Verfasser „the balance between the conflicting interests of mortgagor, mortgagee and third parties is worked out in the light of the best information we have been able to

[1]) Uniform Laws Annotated, Vol. 9 Supplement 1930 73 ff. — Der Entwurf ist bisher in keinem Staat der Union Gesetz geworden.

obtain on business practice and business needs, without unduly preferring any party". Wohl im Hinblick auf die allzu radikale Entscheidung Benedict v. Ratner[1]) wird dort bestimmt, daß Sicherungsabtretungen von mehr als sechs Buchforderungen nur dann gültig sind, wenn die Abtretungsurkunden einer öffentlichen Behörde eingereicht sind. Ausdrücklich regelt und anerkennt der Entwurf mit Recht die Möglichkeit, dem Zedenten unfettered dominion in der vom Supreme Court in Benedict v. Ratner beanstandeten Weise zu belassen (vgl. §§ 18, 39 (2)).

§ 4 Besonderheiten in den anglo-amerikanischen Rechten.

I. Ist zur Abtretung ein zweiseitiges Rechtsgeschäft notwendig?

Allgemein wird angenommen, daß die rechtsgeschäftliche Abtretung stets ein Vertrag sei; teils wird dies, wie z. B. im § 398 des deutschen BGB. und im § 1392 des österreichischen ABGB. bereits vom Gesetz zum Begriffserfordernis der Abtretung gemacht; teils wird es auch ohne gesetzliche Definition angenommen[2]). Auch in rechtsvergleichenden Darstellungen des Abtretungsrechts wird von der Abtretung als einem Rechtsgeschäft gesprochen, zu dem begrifflich ein Vertrag notwendig ist[3]). Genauere Betrachtung lehrt aber, daß für die Rechte des anglo-amerikanischen Rechtskreises die Vertragsnatur der Abtretung nicht außer Zweifel ist[4]).

Die Untersuchung begegnet allerdings großen Schwierigkeiten, die für das englische Mutterrecht eine sichere Aussage nicht ermöglichen. Dies beruht darauf, daß weder die englische Rechtsprechung noch die englische Doktrin das Problem je be-

---

[1]) Vgl. dazu auch Glenn a. a. O. 277 zu Note 27 c.

[2]) So z. B. in den meisten *romanischen* Rechten vgl. Planiol et Ripert, Traité élémentaire de droit civil 10. Aufl. II Nr. 1603; Colin et Capitant, Droit civil français 4. Aufl. II S. 147; Ruggiero, Istituzioni di Diritto Civile 5. Aufl. II S. 187; ausdrücklich auch Art. 316 *bulgarisches* Obl.R.

[3]) Vgl. Schumann, Rechtsvergleichendes Handwörterbuch II, S. 34.

[4]) a. A. Schumann, Die Forderungsabtretung im deutschen, französischen und englischen Recht S. 96 ohne Begründung (an der zitierten Stelle bei Halsbury [Laws of England 4, n. 788] findet sich nichts, was die Schumannsche Ansicht stützen könnte; im Gegenteil: es reiche die Weisung an den Schuldner aus, an den Zessionar zu zahlen).

handelt hat[1]). Ferner aber gestaltet sich die Untersuchung deshalb schwierig, weil der englische Begriff des contract sich nicht mit dem deutschen Vertragsbegriff deckt[2]). Für die Zwecke dieser rechtsvergleichenden Darstellung wird von dem deutschen Begriff als einem zweiseitigen durch Angebot und Annahme zustandekommenden Rechtsgeschäft ausgegangen.

Die Zweifel an der vertraglichen Natur der Abtretung betreffen sowohl das equitable assignment, wie das nach Statute Law erfolgende. Historisch liegen sie wahrscheinlich in der Tatsache begründet, daß die procuratio in rem suam jahrhundertelang die Stelle der Abtretung einnahm[3]). Im gegenwärtigen Recht finden sie ihre Erklärung für das equitable assignment darin, daß im englischen Recht[4]) zur Errichtung eines trusts, als die das assignment gilt[5]), kein Vertrag notwendig ist[6]). Für das assignment auf Grund der sect. 25 Judicature Act, 1873 (jetzt sect. 136 Law of Property Act, 1925) enthält das Gesetz das Erfordernis eines zweiseitigen Rechtsgeschäfts nicht; die Tendenz bei der Auslegung gesetzlicher Bestimmungen geht dahin, nur die ausdrücklich vom Gesetz verlangten Voraussetzungen zu fordern[7]).

In der englischen Rechtsprechung ist nie ausdrücklich ausgesprochen worden, daß zur Abtretung von Forderungen ein einseitiges Rechtsgeschäft genüge. Am ehesten könnte zur Unterstützung dieser Ansicht die Entscheidung Alexander v. Steinhardt, Walker & Co.[8]) dienen.

---

[1]) Doch sprechen die meisten Definitionen wohl gegen die Vertragsnatur, so Salmond & Winfield, Law of Contracts, 382. (The assignment of a contract is the act in law of one of the parties in substituting some other person for himself...), vgl. auch 403; Encyclopedia of the Laws of England 2. Aufl. 1, s. v. Assignment, 561 f. (The usual course is for the assignment to be addressed by the assignor to the assignee... But this is not necessary). Halsbury, Laws of England 4, 375 n. 796, ferner Lord Magnaghten in William Brandt's Sons v. Dunlop Rubber Co. (1905) A. C. 462.

[2]) Vgl. Rheinstein, Die Struktur des vertraglichen Schuldverhältnisses im anglo-amerikanischen Recht 50 ff.

[3]) Vgl. außer den unten S. 48 Anm. 1 Zitierten auch Williston 30 Harv. Law R. 97.

[4]) Anders in *Schottland:* Menzies, On Trustees 2. Aufl. n. 22.

[5]) Blackstone's Commentaries 9. Aufl. 2, 442.

[6]) Die Frage wird im *englischen* Recht selten ausdrücklich behandelt; vgl. Pollock, Principles of Contract 9. Aufl. 222 f., Underhill, Trust and Trustees 8. Aufl. 3 f.

[7]) Vgl. z. B. Harding v. Harding (1886) 17 Q. B. D. 442; Walker v. Bradford Old Bank (1884) 12 Q. B. D. 511.

[8]) (1903) 2 K. B. 208.

Dort hat ein chilenischer Schuldner seinem englischen Gläubiger, der ihn mehrfach um Abdeckung des Saldos ersucht hatte, durch einen am 3. Mai abgesandten Brief angezeigt, daß er ihm eine Forderung gegen einen englischen Käufer abtrete. Bevor dieser Brief in den Besitz des Gläubigers gelangte, fiel der Südamerikaner in Konkurs. Der Richter Bigham nahm an, daß mit dem Augenblick der Absendung des erwähnten Briefes die Forderung auf den Zessionar übergegangen sei. "The rights of the parties are fixed as soon as the letter is in the post." Nach dem Tatbestand hatte der Zessionar in keiner Weise gerade die Abtretung von Forderungen zur Verminderung der Schuld des Zedenten in Vorschlag gebracht. Es ist daher zweifelhaft, ob man zur Rechtfertigung des Ergebnisses auf die bei der Annahme von Verträgen maßgebenden Bestimmungen [1]) verweisen kann [2]). Immerhin ist dies denkbar: von einem um Zahlung mahnenden Gläubiger wird man sagen können, daß er unter Umständen auch mit einer zahlungshalber erfolgenden Abtretung einverstanden ist [3]).

Den übrigen Entscheidungen, die Zweifel an der Vertragsnatur des englischen assignment begründen, lag fast durchweg folgender Tatbestand zugrunde. Der Zedent forderte den Schuldner auf, an den Zessionar zu zahlen. Das Schreiben, in dem diese Aufforderung enthalten war, gab er dem Zessionar. Die Urteile prüfen nun, inwieweit dieser Auftrag ein assignment, sei es nach Equity, sei es nach Statute Law, darstelle. Nirgends wird von dem Zustandekommen einer Willensübereinstimmung zwischen Zedent und Zessionar gesprochen; allerdings ist dies nicht so auffällig wie in dem Falle Alexander v. Steinhardt, Walker & Co., da die Einigung selbstverständlicher ist [4]).

Deutlicher ergibt sich aus dem vom englischen Recht beeinflußten indischen Transfer of Property Act sect. 130, daß die Abtretung als einseitiges Rechtsgeschäft angesehen wird: „The transfer of an actionable claim .... shall be effected only by the execution of an instrument in writing signed by the transferor or his duly authorized agent, and shall be complete and effectual upon the execution of such instrument" [5]).

---

[1]) Dort wird das Zustandekommen eines Vertrages im Augenblick des Zurpostgebens der Annahmeerklärung gerade durch den vermutlichen Willen der anbietenden Partei gerechtfertigt, Anson's Law of Contract 17. Aufl. 26 ff.

[2]) Wie dies Prochownick in dem Kommentar zu dem Jenksschen Digest of English Civil Law (Das Bürgerliche Recht Englands) II, 220 tut (insoweit richtig der Anwalt des Schuldners (1903) 2 K. B. 210).

[3]) Sodaß unter Anwendung von § 151 BGB. im deutschen Recht ein gleiches Ergebnis gerechtfertigt werden könnte.

[4]) Vgl. Palmer v. Culverwell, Brooks & Co. 85 L. T. Rep. 758; Harding v. Harding (1886) 17 Q. B. D. 442; Lett v. Morris (4 Sim. 607 =) 58 Engl. Rep. 227; Brice v. Bannister (1878) 3 Q. B. D. 569. Anders dagegen wohl Chitty, J. in Brown, Shipley & Co. v. Kough (1885) 29 Ch. Ch. 854 (The Plaintiffs claiming an equitable charge must found their case upon agreement).

[5]) Transfer wird in sect. 5 definiert als „an act by which a living

Weder die Engländer noch die Amerikaner — für deren Recht das gleiche[1]) gilt — haben die juristische Natur des assignment zu ergründen versucht. Das dürfte an der geringen Zahl entschiedener Fälle liegen, in denen die Vertragsnatur zweifelhaft wurde. Meist erfolgt die Abtretung unter Zustimmung des Zessionars; aber es gibt Fälle, wo als assignment eine einseitige empfangsbedürftige Willenserklärung erscheint; wem gegenüber die Erklärung abgegeben wird — dem „Zessionar", dem Schuldner oder sonstigen Dritten — gilt gleich.

Diese Deutung der englischen und amerikanischen Rechtsprechung steht in Einklang mit der Definition, die das American Law Institute unter Leitung von Williston im Restatement of the Law of Contracts vom Assignment gibt (sect. 149 ss. 1): „An „assignment" of a right is a manifestation to another person by the owner of the right indicating his intention to transfer, without further action or manifestation of intention, the right to such other person or to a third person".

Und in sect. 159 wird ausdrücklich noch einmal gesagt, daß ein effective assignment in den praktisch wichtigsten Fällen ohne Zustimmung (assent) des Zessionars möglich ist. Der Zessionar hat in diesen Fällen nur die Möglichkeit binnen angemessener Frist (reasonable time), nachdem er Kenntnis erlangt hat, die Abtretung zurückzuweisen (disclaim); dann soll die Abtretung unter Aufrechterhaltung inzwischen vorgenommener Rechtshandlungen als von Anfang an nichtig gelten. Diese amerikanische Regelung dürfte wohl dem Ideal nahekommen, das Heck[2]) bei seiner eindringlichen Kritik des vom deutschen Gesetzgeber gewählten Prinzips des Vertragszwangs vorschwebte[3]).

---

person conveys property". Vgl. auch die bei Garrow, Law of Property 2. Aufl. II 190 f. zitierten *neuseeländischen* Entscheidungen.

[1]) Vgl. außer dem weiter unten erwähnten Restatement Page, On the Law of Contract 2. Aufl. 4 §§ 2235 ff.

[2]) Heck, Grundriß des Schuldrechts § 41, 2 u. 3.

[3]) Praktisch bedeutsam wird — wie mir scheint — die Frage der Vertragsnatur bei der Prüfung, ob das equitable assignment eine consideration erfordert. Diese in der Literatur oft widerspechend beantwortete Frage (für das Erfordernis z. B. Encyclopedia of the Laws of England, 2. Aufl. I, 557 [Odgers]; Jenks-Schirrmeister-Prochownick, Das bürgerliche Recht Englands II 222. Dagegen Garrow, Law of Property, 2. Aufl. II, 211. Richtig: Salmond & Winfield, Law of Contracts 406 ff. Vgl. auch den Gelehrtenstreit zu der Frage in der Law Quarterly Review: Jenks 16, 241; Anson, 17, 90;

Auf dem Gebiete des internationalen Privatrechts sollte m. E. diese Erkenntnis der Konstruktion ohne Folgen sein, da die für die kollisionsrechtliche Lösung in Betracht kommenden Momente durch die Annahme eines einseitigen Rechtsgeschäfts nicht beeinträchtigt werden [1]).

II. In den vorangegangenen Ausführungen wurde bereits mehrfach von dem Nebeneinander zweier Rechtsordnungen im englischen Recht ausgegangen, ohne daß ihr Verhältnis zueinander vorher erläutert worden wäre. Dieses sowie eine Anzahl weiterer bedeutsamer Eigentümlichkeiten der britischen Rechte müssen zunächst im Zusammenhang erörtert werden, ehe auf die Formen der Abtretung eingegangen werden kann; denn die Tragweite dieser oder jener Formvorschriften wäre ohne Kenntnis jener Regelung kaum verständlich.

III. Dem englischen und vielen von ihm abhängigen Rechten charakteristisch ist das Nebeneinander zweier Arten von Abtretungen, des legal und des equitable assignment. Die Unterscheidung hängt mit der großen anderen Unterscheidung des englischen Rechts zwischen common law und equity zusammen, auf die hier nicht eingegangen werden kann [2]). Trotzdem muß versucht werden, kurz die Bedeutung jener Trennung für die Frage der Abtretung zu kennzeichnen. Dies ist nur in der Weise möglich, daß die geschichtliche Entwicklung kurz dargestellt wird [3]). Die common law-Gerichte hielten früher grund-

Costigan 27, 326) ist m. E. folgendermaßen zu beantworten: consideration ist nur für contracts notwendig; das assignment ist im allgemeinen kein contract und daher auch ohne consideration wirksam (Kekewich v. Manning 1, De G.M. & 176 = 42 Engl. Rep. 519). Doch ist die Abtretung einer künftigen Forderung nach englischer Auffassung ein Vertrag, durch den sich der Zedent verpflichtet, künftig die entstandene Forderung zu übertragen (Lush J. in German v. Yates 32 T.L.R. 52; Wilshere's, Principles of Equity 2. Aufl. 355) und bedarf daher zur Gültigkeit der consideration (etwas anders Snell's Principles of Equity, 20. Aufl. 54).

[1]) Vgl. Raiser, Die Wirkungen der Wechselerklärungen im internationalen Privatrecht 14.

[2]) Vgl. Heymann in Holtzendorf-Kohlers Enzyklopädie der Rechtswissenschaft (1914) II 7. Aufl. 291 ff.

[3]) Die bisherigen rechtsvergleichenden Darstellungen des Abtretungsrechts bringen meist beides — geschichtliche Entwicklung und gegenwärtiges Verhältnis — nicht, m. E. zum Schaden für das Verständnis. Englische Darstellungen beginnen denn auch regelmäßig mit einem Abriß der geschichtlichen Entwicklung, obwohl der Gegensatz von common law und equity ihren Lesern geläufig ist. Vgl. z. B. Salmond and Winfield, Law of Contracts, 376 ff.; Indermaur and Wilshere Principles of the Common Law 2. Aufl. 163 ff.; Anson

sätzlich eine Übertragung von Forderungsrechten für unzulässig. Auch der von den Kaufleuten gemachte Umgehungsversuch, den Zessionar als Bevollmächtigten des Zedenten (attorney) auftreten zu lassen, hatte erst im 15. Jahrhundert Erfolg [1]). Die equity-Gerichte dagegen ließen die Abtretung in zweierlei Gestalt zu. Choses in action, die nur equitable waren, also nur von equity-Gerichten anerkannt wurden, konnten so abgetreten werden, daß der Erwerber Vollinhaber des übertragenen Rechtes wurde und sie allein (vor den equity-Gerichten) geltend machen konnte. Aber auch die Erwerber von legal choses in action wandten sich an die Billigkeitsgerichte. Diesen fehlte nun zwar im allgemeinen die Zuständigkeit, um legal choses in action durchzusetzen, aber sie zwangen den Zedenten dazu, zu gestatten, daß der Zessionar vor den common law-Gerichten in seinem (des Zedenten) Namen auftrat [2]). Damit wurde, wenn auch auf Umwegen, das erstrebte Ziel erreicht. 1873 wurde durch den Judicature Act sect. 25 ss. 6 (jetzt sect. 136 Law of Property Act, 1925) [3]) dieser Umweg überflüssig: jedes bisher von der equity anerkannte assignment sollte unter gewissen Voraussetzungen (von denen besonders das der Schriftlichkeit zu erwähnen ist) allgemein anerkannt werden. Doch wurde auch durch dieses Gesetz der Gegensatz von common-law- und equity-Abtretung nur etwas verschoben, aber nicht beseitigt. Denn die Rechtsprechung [4]) nimmt an, daß jenes Gesetz keine exklusive Kodifikation des Abtretungsrechts darstellt, sondern auch ein assignment nach equity weiter zuläßt. So ist es möglich, daß eine wegen Fehlens der Schriftform als legal assignment unwirksame Abtretung als equitable assignment gültig ist. Das

(-Miles-Brierly) English Law of Contract 17. Aufl. 285 ff. Vgl. auch Jenks-Schirrmeister-Prochownick, Das bürgerliche Recht Englands II, 218 ff.

[1]) Holdsworth, History of English Law VII, 534 ff. Erfolg hatte der Versuch bei den Wertpapieren: Pollock-Maitland, History of English Law 2. Aufl. II 226 f.; im übrigen hielt man die attorney-Bestellung meist für unzulässige maintenance (Prozeßdelikt der Durchführung fremder Ansprüche). — Eine besonders eingehende Darstellung bietet neuestens die z. Z. noch unvollendete Aufsatzreihe Bailey's L. G. R. 47, 516; 48, 278.

[2]) Dies Verfahren war allerdings erst nach Zulassung der Klage des Zessionars als (ausdrücklich bevollmächtigter) attorney möglich.

[3]) Vgl. den Wortlaut im Anhang S. 140 Note.

[4]) Brandt's Sons & Co. v. Dunlop Rubber Co. (1905) A. C. 454. Ebenso die Rechtslehre: Odgers-Burrows, Common Law, 3. Aufl. II. 138.

schriftlich erfolgen muß, während in equity eine mündliche notice ausreicht[1]). Die Erfordernisse des equitable assignment sind aber nicht durchweg geringere als die des legal assignment, sondern andere, insbesondere ist für ein vertraglich erfolgendes equitable assignment, im Gegensatz zum legal assignment, zuweilen eine consideration erforderlich[2]). (S. ob. S. 46 Anm. 2.) Der Zessionar eines equity assignment wird an sich nur equitable owner des Rechts und konnte als solcher nicht in eigenem Namen klagen. Die neuere Rechtsprechung[3]) hat aber dieses geschichtliche Überbleibsel beseitigt.

Außer dieser Unterscheidung, die sich im allgemeinen in allen mit dem englischen Recht bewidmeten Teilen des Weltreichs wiederfindet[4]), gibt es aber — gerade für die Sicherungsabtretung — zahlreiche Sätze aus anderen Gebieten des Privatrechts (Aktienrecht, Konkursrecht, Recht der Bills of Sale), die wichtige Fragen regeln und schließlich noch eine Reihe reiner Sondergesetze. Alle diese dem Zessionsrecht zugehörigen oder es doch beeinflussenden Rechtssätze sollen im folgenden in ihren Grundzügen dargestellt werden.

IV. Fast in allen Rechten des britischen Weltreichs finden sich Gesetze, die speziell die Abtretung von meist als bookdebts bezeichneten Forderungen regeln. Damit ist dieser im Zusammenhang mit der Sicherungsabtretung in fast allen Sprachen gebrauchte Ausdruck für einen beträchtlichen Teil der Kulturwelt zum terminus technicus geworden. Eine Begriffsbestimmung haben aber die meisten der erwähnten Gesetze überhaupt nicht versucht. Wie die Erfahrung lehrt, wohl mit

---

[1]) Ex Parte Agra Bank (1868) L. R. 3 Ch. 555.

[2]) Ein anderer Unterschied zwischen beiden Arten des assignment ist folgender: wird auf einer nach Statute Law zum Wirksamwerden notwendigen notice der Tag der Abtretung unrichtig angegeben, so ist die Abtretung unwirksam, Stanley v. English Fibres Industries Ltd. (1899) 68 L. J. Q. B. 839 (nicht entschieden ist die Frage, ob überhaupt die notice die Angabe des Datums enthalten muß). Eine solche Unwirksamkeit schadet aber nicht bei einer notice nach equity, die eine ganz andere Bedeutung hat, als die vom Gesetz erforderte: Whittingstall v. King (1882) 46 L. T. Rep. 520; H a l s b u r y, Laws of England 4, 379.

[3]) Brandt's Son and Co. v. Dunlop Rubber Co. (1905) A. C. 454 (462).

[4]) Ausnahmen finden sich aber, so fordert der Choses in Action Act des kanadischen Staates *Saskatchewan* z. B. nicht die notice an den Drittschuldner für das Wirksamwerden des legal assignment (Revised Statutes 1920 ch. 202).

Recht, denn es ist keine Entscheidung auffindbar, wo die Auslegung dieses vom Gesetzgeber gebrauchten Ausdruckes streitig wurde [1]). Ein unten noch näher zu erwähnendes Gesetz des australischen Staates Victoria (Instruments Act, 1915 sect. 180 ff.) versucht folgendermaßen zu definieren. Unter bookdebts seien die im Zusammenhang mit dem Geschäftsbetrieb des Zedenten stehenden Forderungen zu verstehen, gleichgültig ob sie in Bücher eingetragen seien oder nicht [2]). So wird man wohl auch sonst, wenn von Buchforderungen die Rede ist, diesen Begriff auslegen müssen. Es kann nicht darauf ankommen, ob der Zedent im konkreten Falle die Forderung in seine Bücher eingetragen hat. Denn gerade in außergewöhnlichen Fällen, wie im Konkurse u. dgl., soll sich die Abtretung bewähren; dann aber wird leicht der Zedent — vorsätzlich handelnd oder durch den nahenden Zusammenbruch verwirrt — die Bücher nicht so führen, wie es ordnungsmäßig zu geschehen hätte. Mit dieser Begrenzung auf mit dem Geschäftsbetrieb zusammenhängende Forderungen sind alle nicht-kaufmännischen Forderungen von der Anwendbarkeit der betreffenden Gesetze ausgeschlossen, sodaß die öfter vorkommende Einschränkung, daß die Vorschrift nur für handel- oder gewerbetreibende Zedenten gelte [3]), keine große Bedeutung hat.

Den erwähnten Sondergesetzen des britischen Weltreiches ist nur wenig dogmatisch gemeinsam. Abgesehen von der Begrenzung der von ihnen umfaßten Forderungen eint sie wohl nur die Tatsache, daß sie für die in ihnen geregelten Abtretungen zur Vermeidung bestimmter, meist konkursrechtlicher Nachteile als Form eine Registrierung in öffentlichen Büchern verlangen, bei der Fristen usw. aber mannigfach voneinander abweichen. Obwohl die Entstehungsgeschichte der einzelnen Gesetze nicht feststellbar ist, da die Autoren in bekannter angelsächsischer Verachtung der Vorgeschichte und Materialien

---

[1]) Allerdings befassen sich die in der folgenden Anmerkung erwähnten Entscheidungen mit der Auslegung des Wortes book-debts. Dort war der Begriff aber nicht vom Gesetzgeber, sondern in rechtsgeschäftlichen Urkunden gebraucht.

[2]) Vgl. auch Shipley v. Marshall (14 C. B. [N. S.] 566 =) 143 Engl. Rep. 567; ferner Official Receiver v. Tailby 18 Q. B. D. 25 und 13 A. C. 523 = 58 L. J. Q. B. 75.

[3]) So z. B. der *englische* Bankruptcy Act sect. 43 und der *kanadische* Bankruptcy Act, sect. 63; nicht dagegen der *australische* Bankruptcy Act, 1924/1928, sect 91 (e).

nichts davon in den Erläuterungsbüchern erwähnen, ist trotz der Verschiedenheit der Durchführung im einzelnen gegenseitige Beeinflussung der verschiedenen Gesetzgebungen anzunehmen. Warum das Bild trotzdem so verwickelt ist, ist schwer zu sagen. Viel von der Systemlosigkeit ist der angelsächsischen Bevorzugung der Sondergesetzgebung und der geringen Ausbildung allgemeiner Lehren zuzuschreiben. Sicher scheint ferner zu sein, daß das Durcheinander von Staaten- und Bundesgesetzen und von Gesetzen verschiedener systematischer Zugehörigkeit zum Teil auch auf die staatsrechtlichen Verhältnisse in den großen Dominions zurückzuführen ist. Sowohl in Kanada, wie in Australien, gehört das Konkursrecht zur Gesetzgebungskompetenz des Bundes, während die Regelung der bürgerlich-rechtlichen Abtretung Sache der Einzelstaaten ist.

Die Grenze zwischen Abtretungssonderrecht und reinem Konkursrecht ist sehr flüssig. Die Stellung einer Vorschrift im Konkursgesetz kann namentlich für die systematisch nicht scharf trennenden Rechte des britischen Weltreiches nicht entscheidend sein. Manche konkursrechtliche Nichtigkeit oder Anfechtbarkeit ist hier selbst dann nicht zu behandeln, wenn sie (wie z. B. in Schottland[1])) u. a. ausdrücklich an Sicherungsübertragungen von Forderungen anknüpft. Dagegen sind solche Bestimmungen aus Konkursgesetzen zu erwähnen, nach denen durch einen Formalakt (Registrierung) o. ä. die Unwirksamkeit im Konkurs vermieden werden kann. Sie verlangen eine bestimmte Form, um dem Geschäft allgemeine Wirksamkeit zu verleihen. Selbst wenn man sie auch systematisch, namentlich auf dem Gebiet des Kollisionsrechts, dem Konkursrecht zurechnen wollte, sprechen doch praktische Gründe dafür, diese wichtigen Sondernormen in einer Darstellung, die vornehmlich die Sicherungsabtretung behandelt, zu erörtern. Ein Beispiel hierfür ist das südafrikanische Konkursgesetz. Nach sect. 33 des Insolvency Act ist u. a. die Veräußerung der Buchforderungen eines Geschäfts, die in den letzten sechs Monaten vor der Konkurseröffnung erfolgt ist, gegenüber dem Konkursverwalter unwirksam, wenn der Übertragende nicht 14 Tage zuvor durch viermalige Anzeige[2]) die beabsichtigte Veräußerung kund macht. Nach diesen einführenden Bemerkungen soll ein skizzierender

[1]) Act 1621 ch. 18 und 1696 ch. 5.

[2]) Je zweimal in der Gazette und in einer Lokalzeitung.

Überblick über die in Betracht kommenden wesentlichen Erscheinungen versucht werden.

Im englischen Mutterrecht sind zunächst zwei Bestimmungen des Bankruptcy Act, 1914 zu erwähnen. Nach sect. 43 [1]) ist die Abtretung aller gegenwärtigen und zukünftigen Buchforderungen oder einer bestimmten Klasse von ihnen durch einen Gewerbetreibenden, soweit die Forderungen nicht bei Konkursbeginn erfüllt sind, im Konkurse nur wirksam, wenn sie nach den Vorschriften des Bills of Sale Act, 1878 registriert worden sind. Diese section findet keine Anwendung auf die Abtretung von bestimmten einzelnen Buchforderungen. Da die Praxis aber die einzelnen Forderungen in der Regel zu spezifizieren scheint [2]), hat die sect. 43 für die Gegenwart anscheinend keine erhebliche Bedeutung. Hier greift jedoch die Bestimmung der sect. 38 (c) ein, wonach die einem Gewerbetreibenden im Zusammenhang mit seinem Handel und Gewerbe zustehenden Forderungen, die er bei Konkursbeginn mit Zustimmung des wahren Eigentümers in seiner Verfügungsgewalt hat, zur Konkursmasse gehören (reputed ownership-Klausel). Die Rechtsprechung nimmt bei abgetretenen Forderungen grundsätzlich dann reputed ownership des Zedenten an, wenn dem Schuldner keine notice gegeben wurde [3]). Hierdurch wird die Bedeutung der an sich ohne notice wirksamen Abtretung nach equity beträchtlich gemindert.

Besonders bemerkenswert ist, daß die das winding-up (worunter auch der Gesellschaftskonkurs fällt) regelnde sect. 262 des Companies Act, 1929, die Bestimmungen über reputed ownership aus dem Konkursgesetz nicht für anwendbar erklärt [4]). Das gleiche gilt von sect. 43 Bankruptcy Act, die somit auch nicht für companies gilt [5]). Die im vorhergehenden Absatz geschilderten Bestimmungen gelten also nur für Einzelkaufleute

---

[1]) Viele *koloniale* Rechte, deren Konkurs-Ordinances sich weitgehend an das *englische* Recht anlehnen, enthalten keine, dessen sect. 43 entsprechende Bestimmung. Vergl. z. B. Strait Settlements Bankruptcy Ordinance (Revised Edition 1926 no. 44) sect. 48 ff. und British Honduras Bankruptcy Ordinance (Revised Edition 1924 ch. 204) sect. 39 ff.

[2]) Encyclopædia of Forms and Precedents, 2. Aufl. 3, 341 und 345.

[3]) In re Goetz (1898) 1 Q. B. 787 (794).

[4]) Buckley, On the Companies Acts 11. Aufl. 533. Gorringe v. Irwell India Rubber and Guttapercha Works (1886) 34 Ch. Div. 128 (Ct. of App.).

[5]) Für *Schottland* hat die Reputed-ownership-Klausel, die dort überhaupt obsolet zu sein scheint (Wallace, Law of Bankruptcy in

und partnerships. Doch finden sich im Companies Act auch Bestimmungen, die das allgemeine Zessionsrecht stark beeinflußen, wenn auch ihr Inhalt sich von dem oben erwähnten weitgehend unterscheidet: Zur Vermeidung der Nichtigkeit gegenüber Liquidator und Gläubiger muß jede charge (das ist Belastung im weitesten Sinne) auf book-debts der Gesellschaft binnen 21 Tagen nebst der Errichtungsurkunde bei dem Gesellschaftsregister eingetragen werden. Die Rechtsprechung [1]) nimmt im Anschluß an ältere Entscheidungen [2]) an, daß hier unter book-debts auch einzelne bestimmte Forderungen zu verstehen sind [3]), und daß auch die in Form einer Vollabtretung erfolgende Übertragung zur Sicherheit als charge anzusehen ist, in Anwendung des equity-Rechtssatzes, daß es nicht auf die Form, sondern auf den Kern des Rechtsgeschäfts ankommt [4]). Über die so geschaffenen charges können sich Dritte durch Einsicht in ein Register unterrichten, das nebst Abschrift der Errichtungsurkunde am registrierten Sitz der company vorhanden sein muß (sect. 87 ff.). Diese Bestimmungen finden sowohl auf in England registrierte companies wie auf fremde Gesellschaften mit englischer Niederlassung Anwendung (sect. 79, 90). Die Unterschiede zwischen der konkursrechtlichen und der aktienrechtlichen Regelung sind demnach erheblich: Dort werden grundsätzlich alle Abtretungen betroffen, hier nur charges (in diesem Zusammenhang etwa: Sicherungsabtretungen). Dort ist die Folge nur die Unwirksamkeit im Konkurse, hier diejenige gegenüber Liquidator und Gläubigern; dort wird z. T. (sect. 38) nur notice zur Vermeidung der Unwirksamkeit gefordert, hier fristgerechte Registrierung. Dort gilt die Regel nur, wenn allgemeine Abtretungen vorgenommen werden, hier

---

Scotland, 2. Aufl. 269 f.) wegen der schon allgemein geforderten Übertragungsformen (siehe unten S. 96) keine Bedeutung.

[1]) Saunderson & Co. v. Clark 29 T. L. Rep. 579 und Ladenburg & Co. v. Goodwin, Ferreira and Co., Lim. & Garnett (1912) 3 K. B. 275. (81 L. J. K. B. 1174); Buckley a. a. O. 182 f.

[2]) Die die Auslegung des in Verträgen vorkommenden Begriffs book-debts betreffen, z. B. Shipley v. Marshall und Tailby v. Official Receiver, s. o. S. 50, Anm. 2.

[3]) Obwohl Pickford J. in Ladenburg v. Goodwin (a. a. O.) zugibt, daß der Gesetzgeber nur an general assignments gedacht haben dürfte. — Aus Anlaß der neuesten Entscheidung Re George Inglefield Lmtd. 48 T. L. Rep. 251 hat man Änderung des Gesetzes verlangt: 173 L. T. 361.

[4]) Justice Lush in Saunderson & Co. v. Clark 29 T. L. Rep. 579 f.

auch, wenn Forderungen an einen bestimmten Schuldner oder aus bestimmten Verträgen abgetreten werden.

Das kanadische Konkursrecht kennt keine reputed ownership Klausel [1]). Für die Sicherungsabtretung von Buchforderungen sind wichtig sect. 63 des Bankruptcy Act (Revised Statutes 1927 ch. 11) und die im Anschluß an sie ergangenen Provinzialgesetze [2]). Unter assignment im Sinne der sect. 63 sind nach ss. 4 auch Abtretungen zur Sicherheit und sonstige „charges on book-debts" zu verstehen. Ähnlich wie nach sect. 43 des englischen Konkursgesetzes ist die Abtretung von Buchforderungen durch einen Gewerbetreibenden unter gewissen Umständen gegenüber dem Konkursverwalter unwirksam. Betroffen wird nur die allgemeine Abtretung gegenwärtiger oder zukünftiger Buchforderungen oder eines Teils oder einer Klasse von ihnen, nicht aber die Abtretung einer zur Zeit der Zession von einem bestimmten Schuldner geschuldeten oder aus einem bestimmten Vertrag zu erwartenden Forderung. Voraussetzung ist ferner, daß die zedierte Forderung nicht zur Zeit der Konkurseröffnung oder des authorized assignment erfüllt worden ist. Doch ist eine solche Abtretung von Buchforderungen im Falle des Konkurses [3]) wirksam, wenn sie den Formen entspricht, die das Gesetz der betreffenden Provinz für ihre Registrierung vorschreibt. Ein general assignment in einer Provinz, die kein entsprechendes Gesetz erlassen hat, ist seit dem Konsolidationsgesetz von 1927 sect. 63 ss. 2 unwirksam. Die Gesetze der einzelnen Provinzen [4]) ähneln meist ein-

---

[1]) Duncan, Law and Practice in Bankruptcy in Canada, 337 Anm. 10.

[2]) Über den Zusammenhang und die Entstehungsgeschichte der Uniform Assignment of Book Debts Act vgl. Proceedings der 11. Sitzung der Conference of Commissioners on Uniformity of Legislation in Canada S. 44 f. — Ferner Falconbridge, Rabels Z. 6, 113.

[3]) Dem das Konkurs abwendende assignment gleichsteht.

[4]) *Alberta*, Assignment of Book Debts Act, 1929 (1929 ch. 8); *New Brunswick*, Assignment of Book Debts Act (1931 ch. 48); *Manitoba*, The Assignment of Book Debts Act (1929 ch. 1); *Saskatchewan*, The Assignment of Book Debts Act, 1929 (1928—29 ch. 70 m. Ergänzung durch 1930 ch. 77; Corporation Securities Registration Act, 1930); *Brit. Columbia*, Assignment of Book Accounts Act (Revised Statutes 1924 ch. 16 m. Ergänzung durch 1927 ch. 5, 1930 ch. 4 und 1931 ch. 3); *Ontario*, The Assignment of Book Debts Act, 1931 (1931 ch. 35); *Nova Scotia*, Assignment of Book Debts Act, 1927, zitiert nach Proceedings of the eleventh meeting of the Conference of Commissioners on Uniformity of Legislation in Canada, 44.

ander, da sie mit Ausnahme des Gesetzes von British Columbia auf ein von den Commissioners on Uniformity of Legislation aufgestelltes Mustergesetz [1]) zurückgehen. Jedoch bleibt noch genügend Verschiedenheit, um die Feststellung des im Einzelfall geltenden Rechts schwierig zu machen. Insbesondere gehört hierher die Abtretung von book debts durch companies. Diese wird grundsätzlich [2]) von den verschiedenen Assignment of Book Debts Acts mitgeregelt. Doch ist in einzelnen Companies Acts die Abtretung von book debts noch einmal behandelt. Die meisten Aktiengesetze enthalten zwar keine derartige Übernahme der oben erwähnten englischen Bestimmung, so z. B. das Bundesaktiengesetz und die Aktiengesetze von Ontario [3]) und Saskatchewan. Hingegen kennt der Companies Act von British Columbia (Companies Act, 1929 sect. 133 [4])) eine dem englischen Vorbild entsprechende Vorschrift, sodaß also ein general assignment bei einer company in British Columbia doppelte Registrierung erfordert [5]).

Übersichtlicher ist die Rechtslage in Südafrika. Die reputed ownership-Klausel ist dem dortigen Konkursgesetz unbekannt und eine der englischen sect. 79 (2 e) Companies Act entsprechende Bestimmung enthält der südafrikanische Union Companies Act, 1926 nicht. Dagegen enthält der Insolvency Act, 1916 eine Bestimmung, die im Zusammenhang mit unserer Materie steht, wenn auch hinsichtlich ihrer Zugehörigkeit zum Konkursrecht kaum Zweifel walten. Es ist die oben schon erwähnte sect. 33, nach der die Veräußerung eines Geschäfts oder der Firma (goodwill), der Buchforderungen oder der Aktiven (assets) des Geschäfts, die nicht im gewöhnlichen Geschäftsbetrieb geschah, gegenüber dem Konkursverwalter unwirksam ist, wenn sie in den letzten 6 Monaten vor Konkurseröffnung erfolgte und der Verkäufer nicht 14 Tage vorher durch viermalige

---

[1]) Dessen Text in den Proceedings der 11. Jahressitzung S. 47 abgedruckt ist.

[2]) Ausnahmen bestehen für den Fall der Abtretung zur Sicherung von Obligationen.

[3]) Vgl. Masten and Fraser, Company Law of Canada, 3. Aufl. 472.

[4]) Und das gleiche galt bis vor kurzem auch für Alberta: Revised Statutes 1922 ch. 156 sect. 107 (e) geändert durch Companies (Amendment) Act, 1927 (ch. 36).

[5]) Über die Weitergabe eines Antrags von einem Register ans andere siehe Assignment of Book Accounts Act, sect. 6.

Zeitungsanzeige die beabsichtigte Veräußerung kund gemacht hat[1]).

An Undurchsichtigkeit dem kanadischen ähnlich ist das australische Recht. Die reputed ownership-Klausel ist in gleicher Ausgestaltung wie in England bekannt, sect. 91 a. E. des Commonwealth Bankruptcy Act, 1924/1928. Ebenso wie in England wirkt die Abtretung im Konkurse des Zedenten also nur, wenn die Benachrichtigung des Schuldners erfolgt ist[2]). Nach sect. 91 des Commonwealth Bankruptcy Act, 1924/1928 soll die Konkursmasse nicht umfassen „book debts in respect of which an assignment has been registered under any Act or State Act or Law of a Territory". Zweifelhaft und von der australischen Rechtslehre und Rechtsprechung anscheinend bisher nicht behandelt[3]), ist die Frage, ob angesichts dieser Bestimmung die Abtretung von book debts in Staaten ohne Spezialgesetz auch im Konkurs voll wirksam ist. Bisher ist nur im Staate Victoria ein Gesetz über die Abtretung von Buchforderungen ergangen[4]). Das Gesetz wird auch bei der Einzelabtretung von Forderungen angewandt[5]). Soweit der Schuldner eine auf Grund eines Bundes- oder Staatsgesetzes inkorporierte Aktiengesellschaft ist und das betreffende Gesetz Bestimmungen über winding up enthält[6]), findet das Konkursgesetz keine Anwendung (sect. 5 ss. 1). Eine dem englischen Recht entsprechende Bestimmung über die Registrierung von charges auf book debts findet sich im Recht von New South Wales, nicht z. B. in Queensland[7]).

In Neuseeland bestand bis zum Jahre 1895 keine Sonderregelung für die Sicherungsabtretung von Buchforderungen. Im Jahre 1895 wurde der Chattels Transfer Act (das dem englischen Bills of Sale Act entsprechende Gesetz) auch auf book debts für anwendbar erklärt. Das hatte zur Folge, daß die bis dahin

---

[1]) Mit der ersten Anzeige werden liquide Ansprüche „gegen das Geschäft" fällig (u. U. unter Ermäßigung um einen Zwischenzins).

[2]) Robertson and Tait, Federal Bankruptcy Law and Practice 241.

[3]) Wohl zu verneinen, vgl. McDonald, Henry and Meek, The Australian Bankruptcy Law and Practice 211.

[4]) Sect. 180 ff. Instruments Act, 1915, jetzt Gesetz Nr. 3706 von 1928 (4 Austr. L. J. 31).

[5]) Australian Garantee Corp. Ltd. v. Balding (High Ct. of Australia) 1930 Austr. L. J. 31 = 43 C. L. R. 140.

[6]) Das scheint überall der Fall zu sein, Stiebel-Rich, Australian and New Zealand Company Law 216 ff.

[7]) Stiebel-Rich a. a. O. 191.

weit verbreitete sicherungshalber erfolgende Abtretung zukünftiger Forderungen in weitem Umfange unmöglich wurde [1]).

Einem der hier erwähnten Beispiele ähnlich ist die rechtliche Lage in fast allen Gebieten des Empire [2]).

Aus alledem ergibt sich, daß die Feststellung des zur Anwendung kommenden Rechtssatzes im britischen Reich für den konkreten Fall sehr schwierig ist, da sie nur unter Berücksichtigung staats-, konkurs-, aktienrechtlicher Rechtssätze getroffen werden kann. Bei der folgenden rechtsvergleichenden Übersicht muß daher stets bedacht werden, daß eine erwähnte Vorschrift eines britischen Rechtes durch andere in ihrer Bedeutung sehr beeinträchtigt sein kann.

§ 5. Die Form der Abtretung.

In vielen Rechten bestehen allgemeine Normen, die für gewisse Rechtsgeschäfte Schriftlichkeit oder eine sonstige Form verlangen. Oft ist dabei streitig, ob es sich um dem materiellen Recht angehörige Form- oder prozessuale Beweisvorschriften oder um noch etwas anderes handelt. Die allgemeinen Vorschriften [3]) werden im folgenden nicht berücksichtigt, es werden nur die Sondernormen für die Abtretung dargestellt [4]).

Hier sind die Formen, die für alle Forderungsabtretungen gelten, von denen zu scheiden, die für solche bestimmter Art oder zu bestimmten Zwecken (z. B. Sicherungsabtretung aller Außenstände) gelten. Bei dieser Darstellung soll der Begriff der Formvorschrift in dem weitest möglichen Sinne verstanden

---

[1]) Russell, Commercial Law in New Zealand 410.

[2]) Erwähnt sei, daß die englische Konkursordnung 1920 im ehemaligen *Deutsch-Ostafrika* (Tanganyika-Territory) eingeführt wurde (Ordinance Nr. 8 v. 1920) (jetzt sect. 45 Bankruptcy Ordinance, 1930).

[3]) Solche bestehen z. B. in *Frankreich*, *Italien*, *Spanien*, *Bulgarien*, *Sowjetrußland*.

[4]) Zu bemerken ist, daß die *englischen* allgemeinen Vorschriften des Statute of Frauds und des Sale of Goods Act die Abtretung von Forderungen nicht betreffen; die Forderungsabtretung ist keines der in sect. 4 des Statute of Frauds aufgezählten Rechtsgeschäfte. Über sect. 7 u. 9 vgl. Pollock, Principles of Contract, 9. Aufl. 234. Auch fallen Forderungen nicht unter Goods, mit denen sich das Kaufgesetz allein beschäftigt, sect. 62 Sale of Goods Act, Benjamin, On Sale, 7. Aufl. S. 181 f. Die mündliche Abtretung ist in equity weiter möglich: Halsbury, Laws of England 4 S. 375; Chitty J. i. Brown, Shipley & Co. v. Kough (1885) 29 Ch. D. 854; Riccard v. Prichard (1 K. & J. 277 =) 69 Engl. Rep. 462.

werden, ohne daß damit zur Frage Stellung genommen werden soll, ob die hier behandelten Normen als Formvorschriften im Sinne des international-privatrechtlichen Satzes locus regit actum anzusehen sind; jedoch wird die Pflicht zur Notifikation für den Schuldner in einem besonderen Paragraphen behandelt werden.

I. Unter den allgemeinen die Zession betreffenden Formvorschriften sind zunächst die zu behandeln, die eine Art Beurkundung des betreffenden Rechtsgeschäfts — sei dieses ein Vertrag oder ein einseitiges Rechtsgeschäft — vorsehen. Eine schriftliche Übertragungserklärung des Zedenten verlangt das englische Gesetz und viele von ihm abhängige Rechte [1]). Allerdings kennen diese Rechte daneben — wie erwähnt — das sog. equitable assignment, eine Übertragung, die auch mündlich geschehen kann.

Unter englischem Einfluß steht wohl auch die Bestimmung der sect. 130 des indischen Transfer of Property Act, wonach die Übertragung eines actionable claim nur durch die Errichtung eines vom Zedenten oder seinem Vertreter unterzeichneten Schriftstücks erfolgt [2]). In allen diesen Fällen ist es nicht erlaubt, wie bei der Form der Bürgschaft im deutschen Recht (§ 766 BGB.) von einer Halbschriftlichkeit zu sprechen, denn die Abtretung ist im Sinne jener Rechte wahrscheinlich als ein einseitiges Rechtsgeschäft anzusehen [3]).

In diesem Zusammenhang verdient ein Zweifel erwähnt zu werden, der in England wegen der Worte „under the hand of the assignor" in sect. 136 des Law of Property Act, 1925, besteht. In Anlehnung an eine, ein anderes Gesetz behandelnde Entscheidung der Exchequer Division aus dem Jahre 1880 [4]) bezweifelt die Rechtslehre [5]), daß die Unterzeichnung durch

[1]) Sect. 25 ss. 5 Judicature Act, 1873 = sect. 136 Law of Property Act, 1925, wörtlich oder der Sache nach übereinstimmend viele koloniale Gesetze, z. B. Conveyancing Act, 1919 *(New South Wales)* sect. 12 and Judicature Act (*New Foundland*) sect. 25 (11) (Consolidated Statutes 1916 ch. 83). Über ähnliche Gesetze einzelner Staaten der *nordamerikanischen Union* und ihre Bedeutung vgl. Williston, Law of Contracts I, 810; Throckmorton, 5 Corpus Juris 897 ff.

[2]) Vgl. Mukerji, The Law of Transfer inter Vivos in British India S. 578 f.

[3]) Vgl. oben S. 43 ff.

[4]) Wilson v. Wallani (1880) 5 Ex. D. 155.

[5]) Z. B. Simner, Hinton & Allaway in der Yearly Practice 1932 II n. 1751; Halsbury, Laws of England 4, 371 (n. 788).

einen Vertreter ausreicht. Von den kolonialen Gesetzen hat der indische Transfer of Property Act ausdrücklich die Unterzeichnung durch einen duly authorized agent als zureichend erwähnt.

Ferner verlangt Schriftlichkeit und zwar des Übertragungsvertrages das Recht Schottlands [1]), der Schweiz [2]), Argentiniens [3]) und des alten Rußland [4]).

Eine qualifizierte Privatschriftlichkeit kennt das mexikanische Recht [5]). Es verlangt eine privatschriftliche vom Zedenten, Zessionar und von zwei Zeugen unterzeichnete Urkunde. Öffentliche Beurkundung verlangt das argentinische Recht, wenn eine im Prozeß streitige Forderung abgetreten wird [6]).

In manchen Rechten findet sich eine eigenartige, gleichsam bewegliche Formvorschrift; je nach dem ob und in welcher Form die über die abzutretende Forderung aufgenommene oder aufzunehmende Urkunde errichtet oder zu errichten ist, wird auch für die Abtretung dieser Forderung eine bestimmte mehr oder weniger strenge Form verlangt. So bestimmt Art. 3472 des Liv-, Est- und Kurländischen Privatrechts, für den Fall, daß über die abzutretende Forderung eine Urkunde ausgefertigt ist, folgendes: außer der Übergabe dieser Urkunde ist für die Zession notwendig, daß die Abtretung entweder auf dieser Urkunde verzeichnet oder mittels besonderer Urkunde vorgenommen wird. Dieser jetzt im Gesetz festgelegte Satz hat sich im früheren Gewohnheitsrecht entwickelt [7]). Die Bildung eines derartigen Rechtes als Gewohnheitsrecht mag zunächst erstaunlich erscheinen, es scheint sich aber um eine allgemeinere Tendenz zu handeln, haben doch auch die Gerichte des nordamerikanischen Staates Massachusetts früher angenommen, daß

---

[1]) Das bezüglich des Abtretungsrechts keine Verwandtschaft mit dem *Englands* aufweist. — Vgl. Transmission of Moveable Property *(Scotland)* Act, 1862 und dazu Gloag and Henderson, Introduction to the Law of *Scotland* 395.

[2]) art. 165 I Obl. R.

[3]) art. 1454 cód. civ.

[4]) Klibanski, Handbuch des gesamten russischen Zivilrechts II 268 (anders aber:) III 244; über die Gebiete, in denen der Swod Sakonoff noch gilt, vgl. Rechtsvergl. Handwörterbuch I die Artikel über *Polen, Lettland, Estland* und *Litauen.*

[5]) art. 2033 neuer Cód. civ.

[6]) art. 1455 cód. civ.

[7]) Vgl. die Anmerkung zu dem erwähnten Artikel z. B. bei Broecker, Privatrecht von *Liv-, Est-* und *Curland,* S. 557.

bei der Abtretung mindestens die Form einzuhalten sei, in der die übertragene Forderung errichtet sei[1]). Eine ähnliche Bestimmung befindet sich im spanischen código civil Art. 1280 Ziff. 6: war die abzutretende Forderung in einer öffentlichen Urkunde verbrieft, so ist für den (sonst formlos möglichen) Abtretungsvertrag auch eine solche notwendig[2]). Das mexikanische Recht (Art. 2033 neuer código civil) stellt nicht darauf ab, ob die abzutretende Forderung in öffentlicher Urkunde verbrieft war, sondern darauf, ob sie in öffentlicher Urkunde verbrieft sein müßte. Hier geht also der Gesetzgeber offensichtlich davon aus, daß ähnliche Gründe, wie die, die ihn bewogen haben, bestimmte Rechtsgeschäfte als formbedürftig zu erklären, auch dafür sprechen, die Abtretung der aus jenen Rechtsgeschäften erwachsenen Forderungen der gleichen Form zu unterwerfen. Dagegen ist die ratio in den anderen Rechten wohl die, daß die Parteien, die über eine Forderung eine besonders feierliche Urkunde errichten, offenbar die Abtretung dieser Forderung in gleicher Form vorschreiben wollen.

Eine einheitliche Auffassung über den Wert der erwähnten Vorschrift hat sich bisher nicht gebildet: der lettländische Gesetzgeber hat vor kurzem den Art. 3472 aus dem Gesetzbuch gestrichen[3]), während Sowjetrußland eine ähnliche Bestimmung in sein Zivilgesetzbuch aufgenommen hat[4]).

Schließlich sind hier diejenigen Rechte zu erwähnen, die eine Form zwar nicht allgemein für die Gültigkeit der Zession erfordern, aber eine relative Unwirksamkeit der Übertragung annehmen, wenn nicht bestimmte Urkundsformen erfüllt sind. Da der Personenkreis, demgegenüber die Abtretung ohne die Einhaltung jener Formvorschriften nicht wirkt, sehr groß ist, sind diese Vorschriften für die Praxis den allgemeinen Formvorschriften nahezu gleichwertig.

Zu den beschriebenen Normen gehört die Regelung im

---

[1]) Williston, Law of Contracts I, 808.

[2]) Die Bestimmung findet sich auch in *Argentinien:* art. 1184 Ziff. 9 código civil und ist ferner von *Honduras* und *Guatemala* übernommen, vgl. Manresa, Comentarios al código civil español, 3. Aufl. VIII, 722.

[3]) Gesetz v. 27. X. 1925 (Schilling-Ehlers, *Lettlands* bürgerliches Gesetzbuch S. 424).

[4]) Art. 128 Satz 2: Beruht die zu zedierende Forderung auf einem schriftlichen Vertrag, so hat die Zession (vorbehaltlich weitergehender allgemeiner Normen) jedenfalls in Schriftform zu erfolgen.

brasilianischen bürgerlichen Gesetzbuch. Nach Art. 1067 brasilian. código civil hat die Abtretung „im Verhältnis zu Dritten“ keine Gültigkeit, wenn sie nicht in öffentlicher Urkunde oder besonders förmlicher Privaturkunde vorgenommen worden ist. Zweck dieser Vorschrift ist die sichere Feststellung des Datums der Errichtung[1]). Daher ist es zu verstehen, wenn einige Rechte (so spanischer código civil Art. 1526[2])) nicht die förmliche Zession als Erfordernis der Wirksamkeit gegen Dritte angeben, sondern sagen, daß jene Wirkung in dem Zeitpunkt eintritt, in dem „das Datum als feststehend angesehen werden kann“. Diese Festlegung des Datums geschieht in der Regel[3]) durch Errichtung einer öffentlichen Urkunde oder Registrierung einer Privaturkunde und ist daher praktisch der brasilianischen Regelung etwa gleichwertig. Das spanische Tribunal Supremo nimmt an[4]), daß die Unwirksamkeit auch dem Schuldner gegenüber nicht besteht, der demnach trotz nicht formgerecht vorgenommener Zession zur Zahlung an den Zessionar verpflichtet ist, und für das brasilianische Recht ist aus der Fassung der Art. 1067 und 1069 („im Verhältnis zu Dritten“, „im Verhältnis zum Schuldner“) wohl das Gleiche zu entnehmen. Da der Schuldner die Hauptperson bei der Abtretung ist und da die Wirkung ihm gegenüber von seinem guten Glauben nicht abhängt, empfiehlt es sich m. E. nicht — wie wir es bei der Auslegung der Vorschrift des Art. 1690 franz. c. c. m. E. tun dürfen (s. u. S. 80 f.) — den Forderungsübergang erst von dem Augenblick an zu datieren, in dem er nach dem Wortlaut des Gesetzes, „gegenüber Dritten“ wirksam wird. Es bleiben aber manche Fragen, auf die die Rechtsprechung und Lehre jener Rechte — soweit ich sehe — keine Antwort geben. Können die Gläubiger des Zedenten, denen gegenüber dieser noch Gläubiger ist, in Einzel- oder Gesamtvollstreckung die vorher vom be-

---

[1]) Auf die auch sonst größter Wert gelegt wird; z. B. müssen die nach den Uniform Assignments of Book Debts Acts der *kanadischen* Provinzen erforderten affidavits ausdrückliche Angaben über den Zeitpunkt der Errichtung enthalten.

[2]) Identisch mit dem spanischen ist das Recht *Cubas* (art. 1526 cód. civ.) sowie das Recht *Honduras* (art. 1666 cód. civ.). Von ihm beeinflußt *Panama* (art. 1278), *Costa Rica* (art. 1104) und *Mexiko* (art. 2034).

[3]) Daneben tritt die Fixierung besonders durch den Tod eines der Signatare ein.

[4]) Entsch. v. 14. Dez. 1894: Jurisprudencia civil 82 II 387.

nachrichtigten Schuldner an den Zessionar erfolgte Leistung herausfordern? Nach welchen Grundsätzen ist überhaupt der von einer Person, die ihm gegenüber Schuldner ist, befriedigte Zessionar zur Herausgabe verpflichtet?

Eine über die grundsätzliche Schriftlichkeit hinausgehende etwa unserer notariellen Beglaubigung entsprechende Urkundsform verlangt das Recht des Swod Sakonoff, wenn die Abtretung im Konkurs volle Wirkungen äußern soll. Notwendig ist die Eintragung in ein öffentliches Buch, das etwa unserem Notariatsregister entspricht. Diese hat binen sieben Tagen oder binnen eines Monats (je nach dem Wohnort des Zedenten) zu geschehen. Geschieht sie nicht, so wird die zedierte Forderung erst nach den sonstigen angemeldeten Forderungen befriedigt [1]).

Die im vorigen Paragraphen erwähnten britischen Gesetze enthalten eine Fülle verschiedenster Formvorschriften, deren Nichterfüllung eine reiche Anzahl meist relativer Unwirksamkeiten zur Folge hat. Wir unterscheiden hier solche Gesetze, die nur sogenannte general assignments, also die Abtretung aller gegenwärtigen oder zukünftigen Forderungen oder einer Klasse von ihnen [2]), betreffen und solche, die auch die Einzelabtretung umfassen.

Eine Registrierung von Einzelabtretungen ist namentlich für die Sicherungsabtretung von Buchforderungen [3 4]) durch Aktiengesellschaften nach den meisten Companies Acts des britischen Weltreiches vorgesehen. Diese Gesetze schreiben die Restrierungspflicht zwar ihrem Wortlaut nach nur für die Belastung und Verpfändung von Forderungen vor [5]), die Recht-

[1]) Vgl. Art. 2061 ff. in Verbindung mit Art. 22 der Beilage zu Anm. 2 des Art. 708.

[2]) So sect 43 ss. 1. Bankruptcy Act 1914.

[3]) Nicht hierunter fällt nach besonderer Vorschrift die Hinterlegung von Kundenwechseln zum Zwecke der Sicherung eines Vorschusses z. B. sect. 79 ss. 6 des englischen Companies Act.

[4]) Manche Gesetze erwähnen die Buchforderungen nicht ausdrücklich, sondern fordern für jede Sicherung oder Belastung auf dem Vermögen der Gesellschaft die Registrierung.

[5]) Sect. 79 ff. des *englischen* Companies Act (der auch für *Schottland* gilt); sect 109 ff. des *Indian* Companies Act, 1913; sect. 3 *New South Wales* Companies (Registration of Securities) Act, 1918; sect. 96 ff. Strait Settlements Ordinance No. 155 (Companies); sect. 94 ff. *British Honduras* Companies Ordinance; sect. 93 ff. *Trinidad* and *Tobago* Companies Ordinance; — nicht enthalten entsprechende Vorschriften: der *südafrikanische* Union Companies Act, 1926, sowie die Gesetze von *New Zealand*

sprechung hat aber angenommen, daß hierunter auch Vollabtretungen fallen, die Sicherungszwecken dienen [1]).

Der Grund für diese einschneidende Beschränkung der Sicherheitsbestellung durch Gesellschaften ist nicht leicht einzusehen. Wahrscheinlich ist darin ein Ausgleich für die beschränkte Haftung zu sehen, indem den Außenstehenden weitgehend ermöglicht werden soll, sich über die Vermögensverhältnisse der Gesellschaft Klarheit zu verschaffen. Die Vorschrift schafft für Sicherungszessionen einen Ausgleich dagegen, daß die reputed-ownership-Klausel (z. B. sect. 38 des englischen Bankruptcy Act), für companies nicht gilt.

Die in den Gesetzen vorgeschriebene Registrierung hat in den companies-Registern zu geschehen [2]). Die außerdem vorgesehene Eintragung in ein gleichfalls öffentliches Register, das am Registersitz der Gesellschaft zu führen ist, hat für die Gültigkeit der charge keine Bedeutung. Die Verpflichtung zur Bewirkung dieser Eintragung ist aber ebenso wie jene strafrechtlich sanktioniert. Die Eintragung in das vom Registrar of Companies geführte Register kann sowohl von der Gesellschaft, wie von jedem an der Eintragung Interessierten beantragt werden [3]). Dem Antrag müssen Einzelheiten über die Belastung (Tag der Errichtung, Höhe der gesicherten Summe, Berechtigter, sowie Beschreibung der belasteten Forderung) und die Errichtungsurkunde beigefügt werden, falls eine solche vorhanden ist. Der Antrag mit den erwähnten Anlagen muß binnen 21 Tagen [4]) seit dem Tage der Errichtung bei dem Registerführer eingehen. Bei Versäumung dieser Frist wegen Zufalls, Unachtsamkeit oder aus anderen zureichenden Gründen kann das Gericht in weitem Umfang eine Art Wiedereinsetzung

---

und *Queensland* (Stiebel-Rich, Australian and New Zealand Company Law. S. 191); *Alberta,* Companies Act, 1929 (1929 ch. 14); *New-Foundland* (Companies Act sect. 65), *Saskatchewan* (The Companies Act sect. 93), *Gold Coast Colony* (Companies Act sect. 50) (diese Gesetze verlangen z. T. die Führung eines Registers durch die company, von der Eintragung darin hängt aber die Gültigkeit nicht ab).

[1]) Siehe oben S. 53, Anm. 4.

[2]) Über die Einrichtung dieses Registers für *England* und *Schottland* vgl. sect. 82, 312 Companies Act, 1929.

[3]) Bei Eintragung durch einen anderen als die Gesellschaft hat dieser gegen die Gesellschaft Anspruch auf Auslagenersatz, z. B. sect. 80 ss. 2 engl. Companies Act, 1929.

[4]) In *Victoria* 30 Tage (Stiebel-Rich, Australian and New Zealand Company Law 191).

in den vorigen Stand bewilligen[1]). Über die erfolgte Eintragung kann sich jeder durch Einsicht in das Register unterrichten. Ferner stellt der Registrar of Companies ein Zertifikat über die geschehene Eintragung aus, das unwiderleglichen Beweis für ihre Ordnungsmäßigkeit erbringt.

Die Folge der Nichtregistrierung ist nicht die absolute Nichtigkeit, sondern nur relative Unwirksamkeit[2]) gegenüber bestimmten Personen, nämlich dem Liquidator und gegenüber jedem Gesellschaftsgläubiger. Gegenüber der in geregelten Verhältnissen befindlichen Gesellschaft ist die Sicherung (security) voll wirksam[3]); die gesicherte Forderung ist auf jeden Fall wirksam, denn nur für die Bestellung der Sicherung ist die Eintragung vorgesehen.

Zur Wirksamkeit jeder Art von Abtretung — also gleichgültig ob Voll- oder Sicherungsabtretung und nicht nur dann, wenn der Zedent seine gesamten Forderungen oder eine bestimmte Klasse davon abtritt[4]) — fordert sonst, d. h. nicht nur bei Aktiengesellschaften, nur das Recht Neuseelands eine besonders strenge Form; ihre Nichteinhaltung hat aber auch nicht allgemeine Nichtigkeit zur Folge, sondern nur relative Unwirksamkeit im Verhältnis zum Konkursverwalter, Vergleichstreuhänder und gegenüber Vollstreckungsgläubigern[5]).

Die neuseeländische Bestimmung findet sich in sect. 31 der den englischen Bills of Sale Acts entsprechenden Chattels Trans-

---

[1]) Z. B. sect. 85 engl. Companies Act, 1929.

[2]) In *England* bezeichnet man beides als void.

[3]) Vgl. Phillimore L. J. in Re Monolithic Building Co. Ltd. 112 L. T. Rep. 624. Meist (so im englischen Companies Act sect. 79 [1]) wird ausdrücklich gesagt, daß die Unwirksamkeit der security die Verpflichtung der Rückzahlung des Geldes unberührt lasse.

[4]) Eine einzige Ausnahme enthält sect. 32, wohl als Privileg für die Landwirtschaft gedacht: für die schriftliche Abtretung der auf Grund von Milch-, Sahnen- oder Butterlieferung zustehenden Forderungen gegen Meiereien soll die Registrierung nicht erforderlich sein.

[5]) Interessant ist die Vorschrift auch deswegen, weil der von dem neuseeländischen Gesetzgeber eingeschlagene Weg, die gewollte Formvorschrift für die Abtretung in ein bestehendes Gesetz über Bills of Sale einzuschieben, auch den übrigen Rechten des Weltreiches offen gestanden hätte. Anders als in manchen sonstigen Fällen schöpferischer Fortentwicklung des Gesetzesrechtes, in denen die Dominien und unter ihnen besonders *Neuseeland* wegbereitend für das Mutterland wurden, ist hier der im Jahre 1895 gemachte Versuch *Neuseelands* ohne Nachfolge geblieben, obwohl die Anknüpfung an die Bills of Sale-Gesetze, die die Übereignung ohne Besitzübertragung für registrierungspflichtig erklären, sehr nahe lag.

fer Acts 1924—25 [1]). Danach sollen Forderungen als chattels im Sinne des Gesetzes angesehen werden, die dort belegen sind, wo der Zedent in den letzten sechs Monaten die längste Zeit gewohnt oder ein Geschäft betrieben hat. Es sind also die Formen zu beachten, die nach den Chattels Transfer Acts allgemein vorgesehen sind, d. h. Errichtung einer Urkunde vor mindestens einem Zeugen (sect. 20) und ihre Registrierung [2]) in dem Register der Belegenheit binnen grundsätzlich 21 Tagen seit der Errichtung [3]). Wie schon erwähnt, unterfallen dem Gesetz auch alle Einzelabtretungen von Forderungen, mit alleiniger Ausnahme solcher Zessionen, die in the ordinary course of business erfolgt sind (sect. 2). Diese Ausnahme wird aber sehr eng interpretiert [4]). Eine weitere, besonders für die Sicherungsabtretung sehr fühlbare Einschränkung des bisherigen Rechtszustandes und der bisherigen Praxis [5]) enthält sect. 31 (2); danach muß die Abtretungsurkunde genaue Angaben über Schuldner und Betrag der Forderung enthalten. Dadurch ist für Neuseeland die Abtretung zukünftiger Forderungen, wenn auch nicht unmöglich gemacht [6]), so doch wesentlich erschwert worden.

Von den übrigen Gesetzen des britischen Reichs scheint nur das Gesetz des australischen Staates Victoria [7]) noch auf Einzelabtretungen angewandt zu werden [8]). Dort ist die Formvorschrift eigenartig mit der materiellen Regelung für die Ab-

---

[1]) Ursprünglich Act 64 von 1895, vgl. Russell, Commercial Law in *New Zealand* 487 und 410.

[2]) Bei dem Distriktsregisterführer des Supreme Court (sect. 5) ist das Register gegen eine Gebühr von 1 sh. von jedermann einzusehen (sect. 15).

[3]) Sect. 8; Ausnahmen bei außerhalb *Neuseelands* und auf weiter entfernten Inselgruppen errichteten Urkunden.

[4]) Vgl. die Erläuterungen (zu dem älteren Gesetz) bei Sainsbury, The Chattels Transfer Act, 1908 S. 21.

[5]) Russell a. a. O. 410.

[6]) So Russell a. a. O.

[7]) Aus der Entscheidung Wigmore & Co. v. Rundle 44 C. L. R. 222 entnehme ich, daß in *Western Australia* ein ähnliches Gesetz besteht: der mir nicht zugängliche Bills of Sale Amendment Act 1906.

[8]) Mir stand nur der Instruments Act, 1915 (sect. 180 f.) zur Verfügung, der durch ein Konsolidationsgesetz (Nr. 3706 von 1928) ersetzt ist. Dieses stimmt anscheinend weitgehend mit dem älteren Recht überein. Dies sowie die Anwendbarkeit auf Einzelabtretungen ergibt sich aus der Entscheidung Australian Guarantee Corporation Ltd. v. Balding (High Court of *Australia*) 4 Austr. L. J. 31 = 43 C. L. R. 140.

tretung von book debts verquickt: Die Abtretung bedarf zu ihrer Wirksamkeit der Registrierung. Diese kann erst erfolgen, nachdem mindestens 14 Tage vorher eine Voranzeige bei dem Register eingereicht ist. Diese wird in ein öffentliches Register eingetragen, und bis zum beantragten Eintragungstag kann jeder Gläubiger des Zedenten widersprechen (caveat as being prejudial to his interests). Auf Antrag der Zessionspartei entscheidet dann der Richter (sect. 186 f.).

a) Ist der Opponent Gläubiger, so kann [1]) die endgültige Registrierung erst stattfinden, nachdem er befriedigt ist.

b) Ist der Opponent nicht Gläubiger des Zedenten, so erfolgt die Eintragung nach Zustellung der richterlichen Entscheidung an das Register.

Die restlichen Sondergesetze des Empire betreffen — bis vor kurzem mit Ausnahme des Gesetzes von British-Columbia — nur general assignments. Teils wird der Kreis der von ihnen betroffenen Rechtsgeschäfte positiv beschrieben (z. B. in der oben S. 52 berichteten sect. 43 des englischen Bankruptcy Act, 1914), teils heißt es in allgemein gefaßten Gesetzen, daß die Bestimmungen keine Anwendung finden auf Abtretung fälliger Forderungen an bestimmte Schuldner oder von Forderungen, die aus bestimmten Verträgen fällig werden (so z. B. sect. 3 der kanadischen Uniform Assignment of Book Debts Acts). Eine solche Begrenzung fehlte bis 1930 in dem Gesetz der kanadischen Provinz British-Columbia, das auf jede Abtretung von Buchforderungen Anwendung fand [2]). Seit den Assignment of Book Accounts Acts von 1930 und 1931 ist das Gesetz British-Columbias insoweit dem der übrigen kanadischen Provinzen angeglichen und findet auf Einzelabtretungen keine Anwendung mehr.

Auch bei den meisten hier referierten Gesetzen hat die Nichteinhaltung der Formvorschriften nur relative Unwirksamkeit zur Folge; so heißt es in dem (im wesentlichen von sechs Provinzen übernommenen) Uniform Assignment of Book Debts Act, daß ein nicht formgerecht vorgenommenes assignment gegenüber Gläubigern (wozu u. a. auch Konkursverwalter und

---

[1]) Der Wortlaut ist nicht ganz eindeutig: „... the judge may make an order directing that no assignment ... be registered ... until the debt ... is satisfied". Der Zusammenhang ergibt die obige Deutung.

[2]) Assignment of Book Accounts Act, sect. 3 (Revised Statutes, 1924 ch. 16).

Vergleichstreuhänder zählen, die Gläubigerrechte ausüben) und nachträglichen gutgläubigen Forderungserwerbern „absolutely void“ ist. Der Sache nach ist aber damit der wesentlichste Teil von Dritten, die ein Interesse an der Nichtigkeit haben, umschrieben [1]).

Alle diese Gesetze gelten für assignments, worunter zunächst nur die Vollabtretung zu verstehen ist. Man scheint nun gefürchtet zu haben, daß durch die Wahl anderer Rechtsformen (z. B. durch Verwendung des Begriffs charge) die Bestimmungen des Gesetzes hätten umgangen werden können — also ein Verfahren umgekehrt dem in manchen europäischen Staaten, wo die Formen der Vollabtretung für wirtschaftlich sich als Verpfändung darstellende Geschäfte verwandt werden. Dem haben die britischen Gesetzgeber durch die Aufnahme der Bestimmung vorgebeugt, daß nicht nur gewöhnliche assignments, sondern auch solche „by way of security and other charges on book debts“ unter das betreffende Gesetz fallen [2]).

Die Formvorschriften (im weitesten Sinne) bezüglich der hier zu behandelnden general assignments, insbesondere ihre gesetzgeberisch technische Ausgestaltung, sind verschieden im Mutterland einerseits und in den britischen Gebieten in Übersee andererseits. In sect. 43 des englischen Bankruptcy Act heißt es, daß jedes derartige assignment im Falle eines Konkurses [3]) gegenüber dem Konkursverwalter unwirksam ist, wenn es nicht in den Formen registriert wurde, die für eine bill of sale nach dem Bills of Sale Act, 1878 notwendig sind [4]). Die Registrie-

[1]) Zweifelhaft bleibt mir die Entscheidung folgenden Falles: Gläubiger des Zessionars auf Grund eines nicht formgerechten assignment pfänden die übertragene Forderung und erlangen Befriedigung. Können die Gläubiger des Zedenten von ihnen Herausgabe des Forderungsbetrages verlangen, oder muß gar der Schuldner noch einmal an sie leisten, obwohl die Abtretung doch gegenüber den Gläubigern des Zessionars wirksam war?

[2]) *England:* sect. 43 ss. 2 Bankruptcy Act; *Kanada:* sect. 63 ss. 4 Bankruptcy Act. Ähnlich die kanadischen Provinzialgesetze: z. B. sect. 2 (b) Uniform Assignment of Book Debts Act.

[3]) Über die Gleichbehandlung des Konkursvergleiches vgl. sect. 16 ss. 18.

[4]) Der in Bezug genommene Bills of Sale Act von 1878 ist in den in Betracht kommenden Teilen für die sicherungshalber erfolgenden bills of sale zum Teil widerrufen, gilt aber u. a. noch für das assignment of book-debts. Über die Form der Registrierung usw. findet sich einiges in den Rules of the Supreme Court, Bills of Sale Acts, 1878 and 1882, Rule 13 (abgedruckt bei B a l d w i n, Law of Bankruptcy, 11. Aufl. S. 1185 ff.).

rung hat danach binnen sieben Tagen seit der Abtretung zu geschehen. Die Abtretungsurkunde muß von einem solicitor des Supreme Court bezeugt sein und eine genaue Angabe der consideration enthalten. Ferner haben die Urkundszeugen in einem beschworenen affidavit die Richtigkeit verschiedener Angaben (Zeit, Ort und andere Einzelheiten) zu versichern.

Die Konkursgesetze der Dominien Kanada und Australien gehen, wie erwähnt, anders vor. Das kanadische Gesetz sect. 63 ss. 2 erklärt ein general assignment bei Konkurs oder Vergleich (authorized assignment) gegenüber dem entsprechenden trustee ohne Einschränkung für unwirksam; doch wird hinzugefügt, daß diese Bestimmung da keine Anwendung finden soll, wo ein Provinzialgesetz derartige assignments regelt und dessen Bestimmungen eingehalten worden sind. Nach sect. 91 (e) des australischen Konkursgesetzes umfaßt die Konkursmasse nicht book debts, hinsichtlich derer gemäß einem Provinzialgesetz eine Abtretung registriert worden ist. Die zur Ergänzung der erwähnten Bestimmungen ergangenen Gesetze lassen den Anlaß für ihre Bestimmungen nicht erkennen, sondern regeln unabhängig vom Konkurs- oder Vergleichsfalle die Abtretung[1]).

Über das im Anschluß an das australische Bundesgesetz ergangene sehr eigenartige Provinzialgesetz von Victoria ist schon oben gesprochen worden, da es auch Einzelabtretungen umfaßt. Die Abweichungen der kanadischen Gesetze von der durch das Bundesgesetz gewiesenen Richtung liegen besonders darin, daß die von ihnen bei Nichteinhaltung der Formvorschriften verordnete Nichtigkeit sich weiter erstreckt als die im Konkursgesetz vorgesehene. Nach den meisten kanadischen Gesetzen ist die nicht ordnungsgemäß vorgenommene und registrierte Abtretung gegenüber späteren Erwerbern der abgetretenen Forderung und den Gläubigern des Zedenten unwirksam. Unter Gläubigern sind nach der Legaldefinition u. a. auch Vergleichstreuhänder und Konkursverwalter zu verstehen, ohne Rücksicht auf die Zeit der Entstehung des Schuld- oder Treuhandverhältnisses[2]). Die in den Grundzügen übereinstimmenden Formvorschriften der kanadischen Provinzialgesetze[3]) se-

---

[1]) Über die verfassungsrechtlichen Gründe vgl. oben S. 51.

[2]) Z. B. Uniform Assignment of Book Debts Act sect. 4 ss. 1 in Verb. m. sect. 2 (e).

[3]) Am meisten weicht das Gesetz von *British-Columbia* ab, da es noch nicht nach dem Muster des Uniform Act formuliert worden ist.

hen zunächst die schriftliche Abfassung des assignment vor. Ferner müssen der Urkunde eine Anzahl affidavits beigefügt werden: der Zedent und die Urkundszeugen müssen Identität und Ausstellungsdatum des assignment versichern. Der Zessionar muß versichern, daß das assignment in gutem Glauben gegen Entgelt ausgeführt wurde und nicht nur, um die Buchforderungen vor dem Zugriff der Gläubiger des Zedenten zu schützen. Schließlich muß die Registrierung des assignment binnen 30 Tagen nach der Ausstellung stattgefunden haben [1]). Erst vom Augenblick der Registrierung ab wirkt es gegenüber Gläubigern und nachträglichen Erwerbern des Zedenten.

Die zuständige Behörde für die Registrierung ist in den einzelnen Gesetzen genau bestimmt. Da diese Bestimmungen bei der kollisionsrechtlichen Behandlung jener Gesetze wertvolle Anhaltspunkte geben, seien sie im folgenden etwas näher referiert: entsprechend der Bedeutung der juristischen Person auf dem Gebiete des Handels wird am Anfang der Bestimmungen im Uniform Assignment of Book Debts Act der Fall behandelt, daß eine juristische Person Zedentin ist; ist sie nach den Gesetzen der betreffenden Provinz inkorporiert, so muß die Registrierung bei dem für den Sitz der Korporation zuständigen Register erfolgen, sonst da, wo die außerhalb inkorporierte Gesellschaft innerhalb der Provinz Hauptniederlassung (head office) oder Registersitz hat. Trifft auch das nicht zu, so in dem Register der Provinzhauptstadt. Bei Einzelpersonen ist der Ort des Geschäftsbetriebes maßgebend [2]). Das Gesetz von British-Columbia stellt dagegen ohne Unterscheidung der Zession durch juristische oder natürliche Personen auf den Ort ab, wo das

[1]) Diese Frist schlug die Conference of Commissioners on Uniformity of Legislation vor; sie gilt in *Alberta, Mannitoba, New Brunswick, Ontario* und *Saskatchewan*, während der Assignment of Book Accounts Act von *British-Columbia* noch kürzere Fristen vorsieht: 5 Tage falls das Handelsgeschäft, in dem die Buchforderungen entstanden sind, innerhalb einer Stadt mit Registrierungsbehörde liegt, in allen anderen Fällen 21 Tage.

[2]) Früher kam es z. T. (*New Brunswick* und *Ontario*) auch auf den Aufenthaltsort an. Auch heute herrscht selbst da, wo der Uniform Act angenommen ist, keine Einheitlichkeit. Dieser läßt Abtretungen unberücksichtigt (und verzichtet damit insoweit auf Registrierung), bei denen keiner der erwähnten Anknüpfungspunkte im Inland liegt. Der Assignment of Book Debts Act, 1931 von *New Brunswick* sieht für solchen Fall Registrierung bei sämtlichen inländischen Registrierbehörden vor.

Handelsgeschäfts, dem die book debts zugehören[1]), betrieben wird.

II. Häufig verlangt Gesetz oder Rechtsprechung die Übergabe der auf die abgetretene Forderung bezüglichen Urkunde. Im Gegensatz zu der oben erwähnten Formvorschrift bei urkundlich verbrieften Forderungen, die zum Teil ohne Anhalt im Gesetz vom Gewohnheitsrecht entwickelt wurde, wird die Übergabe der Urkunde oft — obwohl vom Gesetz vorgesehen — von der Rechtsprechung als bedeutungslos für das Verfügungsgeschäft behandelt. Ein Beispiel hierfür ist zunächst das österreichische Recht. Bewegliche Sachen, zu denen nach österreichischer Terminologie auch Forderungen zählen, werden zu eigen durch Übergabe übertragen (§ 425). Die Übergabe solcher beweglicher Sachen, die keine körperliche Übergabe zulassen, wie z. B. Forderungen, erfolgt gemäß § 427 durch Zeichen, indem der Eigentümer dem Übernehmer die Urkunde, durch die das Eigentum dargetan wird, übergibt. Obwohl danach, nach der Absicht der Verfasser des Gesetzes, auch für die Abtretung stets eine Art Übergabe erforderlich sein sollte[2]), hat sich diese Ansicht nicht durchgesetzt[3]), da man annahm, daß § 1392, der die Wirkungen der Zession beschreibt, eine ausdrücklich zugelassene[4]) Ausnahme von der Vorschrift des § 425 enthalte.

Ein weiteres Beispiel für Bestimmungen der erwähnten Art ist Art. 1689 des französischen code civil. Danach erfolgt die Übergabe (délivrance[5])) bei der Übertragung einer Forderung im Verhältnis von Zedent und Zessionar durch die Übergabe (remise) des Titels. Schon sehr früh hat die französische Rechtsprechung angenommen, daß Art. 1689 nicht dahin zu verstehen sei, daß die Übergabe des Titels zur Übertragung des Rechts erforderlich sei; vielmehr handle es sich nur um eine Nebenverpflichtung des Zedenten für den Fall, daß eine solche Urkunde errichtet sei[6]). Der italienische Gesetzgeber hat eine

[1]) „district or place within which the assignor carries on the business to which the book accounts are related."

[2]) Ehrenzweig, System des bürgerlichen Rechts, 7. Aufl. II, 1, 261 zu Note 44 und 45.

[3]) Ehrenzweig a. a. O. Wolff im Klang'schen Kommentar 1392, II; Oberster Gerichtshof in: Civilrechtliche Entsch. Bd. 20 Nr. 9008 und Bd. 28 Nr. 13.092.

[4]) In § 425 ABGB. heißt es: „. . . außer den in dem Gesetze bestimmten Fällen . . ."

[5]) So wird die auf Verschaffung der puissance und possession des Kaufgegenstandes gerichtete Pflicht genannt (art. 1603, 1604, 1607).

[6]) So schon vor dem code civil: Tribunal de Cassation v.

Vorschrift ähnlichen Sinnes ausdrücklich in Art. 1538 II cod. civ. aufgenommen: im Verhältnis zwischen den Parteien ist die Zession mit der Abrede über die zedierte Forderung und den Preis perfekt „auch wenn der Besitz noch nicht übertragen worden ist". Soweit sich hat feststellen lassen, müssen auch die ebenso oder ähnlich wie Art. 1689 franz. c. c. lautenden Bestimmungen verwandter Gesetzbücher gleich verstanden werden [1]).

III. Formlos kann die Abtretung in den meisten bisher nicht erwähnten Rechten geschehen; also vor allem im deutschen, österreichischen, dänischen [2]), schwedischen [3]), norwegischen [4]), finnischen, griechischen, spanischen [5]), ungarischen [6]), südafrikanischen sowie im englischen equity-Recht.

IV. Aber auch manche dieser Rechte haben gegenüber gewissen Arten von Abtretungen, kurz gesagt, den gemeinhin als Sicherungsabtretung bezeichneten, Bedenken und machen für sie eine Ausnahme von der sonst gestatteten Formlosigkeit. Trotz der vom Gesetzgeber vorgeschriebenen Formfreiheit sehen die

---

20. Fructidor X (Journal du Pal. Rec., II, 726) und nach Inkrafttreten des code civil: Cour de Cassation v. 3. II. 1829 (Pand. Franç. 1829, II, 120 = Dalloz Pér. 1829. 1. 130 = Pand. Franç. Répert. 15, 431, nr. 293) Planiol et Ripert, Traité, 10. Aufl. II n. 1622 (S. 564).

[1]) Vgl. zu Art. 1391 des *rumän.* codul civil: Hamangiu-Bălănescu-Băicoianu, Drept Civil Roman, 2, n. 1478 und für *Polen:* Entsch. d. ObGH. 25/1927. (Freundl. Mitteilung von Herrn Dr. Wolter, Krakau.) Für *Argentinien* (trotz des Wortlautes von art. 1434 und 1457 código civ.). Lafaille, Obligaciones I, 175. *Peru* (trotz art. 1463), Ortiz de Zevallos, Derecho Civil Peruano, S. 170. — Vermutlich ist es ebenso in *Chile, Ecuador, Columbia,* nach deren Gesetz die Abtretung zwischen den Parteien erst von der Übergabe des Titels an wirkt *(Chile* art. 1901, *Columbien* art. 1959, *Ecuador* art. 1892); wenn dagegen wie in *Guatemala* (Art. 1632 cód. civ.) das Gesetz sagt, daß zwischen den Parteien die Zession erst von der Übergabe des Titels, und wenn ein solcher nicht vorliegt, mit der Errichtung eines neuen Titels für den Zedenten wirke, so deutet dieser Zusatz darauf hin, daß dort eine Nichtanwendung des Gesetzes wohl nur schwerer erfolgen wird, als anderswo; ähnlich auch *San-Salvador,* Art. 1691, 672 cód. civ.

[2]) Jedoch hebt Lassen, Haandbog i Obligationsretten, Almindelig Del, 3. Aufl. 544, hervor, daß es ratsam sei, den Vertrag schriftlich abzuschließen.

[3]) Fehr, Bidrag till läran om cession av fordran enligt svensk rätt, Tidskrift for Retsvidenskap 1925, 215 f.

[4]) Fr. Stang, Forelaesninger over den Norske Obligationsret, Almindelige Del, 5. Aufl. § 68.

[5]) Mit der oben erwähnten Ausnahme.

[6]) Almási, Ungarisches Privatrecht I 118 ff.; II 152 Ziff. 3.

Gerichte in derartigen Abtretungen, die nicht von vornherein dem Zessionar endgültig das Recht verschaffen sollen, eine Umgehung anderer Rechtsinstitute oder ein simuliertes Rechtsgeschäft. Interessant ist in dieser Beziehung das österreichische Recht, wo ein Plenargutachten des Obersten Gerichtshofs den erwähnten Gedanken ganz eingehend ausgeführt hat und zu dem Ergebnis gelangt ist, daß eine Sicherungsabtretung von Buchforderungen in der für die Verpfändung von Forderungen vorgeschriebenen Form erfolgen müsse [1]). Die griechische Rechtsprechung hingegen sieht die Sicherungsabtretung von Forderungen als eine Scheinzession an, die daher nichtig ist [2]).

In der nordischen Literatur und Judikatur wird ähnliches vertreten. Im dänischen Recht nimmt der auch für die Judikatur einflußreichste Schriftsteller an, daß die Abtretung zur Sicherung als Verpfändung angesehen werden müsse und daher

---

[1]) Beschluß vom 15. Januar 1929 (Entsch. XI, 50 ff.). Danach hält der Oberste Gerichtshof an der schon früher vertretenen Auffassung fest, daß bei der sicherungsweisen Übertragung von Forderungen, die in Österreich namentlich in der Form der Eskomptierung von Buchforderungen sehr verbreitet ist, die Formen der Übergabe eingehalten werden müssen, die die Voraussetzung für den Erwerb des Pfandrechts bilden. Welches diese Formen sind, ergibt sich aus dem Gesetz nicht klar (§ 452 i. V. m. § 427 ABGB.). Der Oberste Gerichtshof verlangt, daß die Verpfändung nachträglich leicht und zuverlässlich festgestellt werden kann. Das führt dazu, bei der Verpfändung (und dementsprechend der Sicherungsabtretung) nicht verbriefter Forderungen zunächst einen schriftlichen Vertrag zu verlangen, da nur dadurch Umfang und Zeitpunkt der Verpfändung mit der erforderlichen Sicherheit festgestellt werden kann. Ferner wird gefordert, daß entweder der Drittschuldner von der Zession verständigt wird, oder aber in anderer Weise die Sicherungsabtretung in einer jeden Zweifel ausschließenden Weise in den Büchern des Kreditnehmers ersichtlich gemacht wird. Hierzu genügen nicht Vermerke auf den Umschlägen der Handelsbücher, oder solche Vermerke, die nur die Blattzahlen der angeblich übertragenen Forderungen enthalten, wenn nicht völlige Sicherheit gegeben ist, daß in die in bezug genommenen Bücher, bezw. Blätter nicht andere Forderungen eingetragen werden. Die Sicherungsabtretung wird als resolutiv bedingte Zession angesehen. Gegen die Abrede, daß der Sicherungsschuldner die eingezogenen Beträge nie an den Sicherungsgläubiger abzuführen braucht, bestehen dann keine Bedenken, wenn der Sicherungsschuldner an Stelle der eingezogenen Forderungen andere Buchforderungen abzutreten hat.

Ob dieser Plenarbeschluß auch die Auslegung des ABGB. in den nicht mehr zu *Österreich* gehörenden Gebieten beeinflußt, konnte bisher nicht festgestellt werden.

[2]) Diese Angabe beruht auf Mitteilung von Herrn Privatdozent Dr. Fragistas, Saloniki.

der Anzeige an den Drittschuldner bedürfe [1]). In Schweden ist gleich entschieden worden [2]), wenn auch eine neuere Entscheidung des Höchsten Gerichts die notifikationslose Zession allgemein zuläßt [3]). In Norwegen schließlich nimmt die Rechtsprechung die Gleichstellung der sicherungshalber erfolgenden Abtretung mit der durch ein Gesetz vom 21. 8. 1914 [4]) geregelten Verpfändung in Bezug auf die Form und die Notifikationspflicht an.

In allen Rechten, wo die — durch keinerlei anzuerkennende legislatorische Erwägungen begründete — verschiedene Behandlung der Erfordernisse von Zessionen und Verpfändungen besteht, ist damit zu rechnen, daß ähnliche Gedankengänge dazu führen, für die Sicherungsabtretung andere, schwerere, dem Verpfändungsrecht entnommene Normen anzuerkennen. Umgekehrt sind in den Rechten, die für eine Forderungszession keine oder keine wesentlich anderen Erfordernisse kennen als für die Forderungsverpfändung Einwendungen gegenüber der Sicherungszession wesentlich weniger wahrscheinlich. Diese Unterschiede des materiellen Rechts — nicht der Zession, sondern der Forderungsverpfändung! — haben erhebliche Rückwirkungen auf die Kautelarjurisprudenz. Die Verwendung der Klausel „zedieren und verpfänden" ist in dem einen Recht (z. B. der Schweiz) unschädlich oder gar nützlich, während sie in dem anderen Recht (z. B. Norwegens [5])) die Behandlung des Geschäfts nach den weit schwereren Bestimmungen über die Verpfändung von Forderungen erforderlich macht.

§ 6. Die Benachrichtigung des Drittschuldners.

I. Im folgenden sollen zunächst die Rechtssysteme dargestellt werden, bei denen die Benachrichtigung des Drittschuld-

---

[1]) Lassen, Haandbog i Obligationsretten, Almindelig Del, 3. Aufl. 550. Die Rechtsprechung ist schwankend, mehrfach ist die Abtretung von Buchforderungen ohne Benachrichtigung des Schuldners als ungültig angesehen worden: Lassen, a. a. O. 550 Anm. 27 a.

[2]) Entscheidung des Höchsten Gerichts vom 21. 12. 1928: N. J. Ark. 1928 n. I 606 (Sicherungsabtretung eines Anspruchs auf Herausgabe eingelagerter Waren).

[3]) Entscheidung vom 22. 10. 1926: N. J. Ark. 1926, 454 (Sicherungsabtretung einer Geldforderung).

[4]) Vgl. auch über die Bedeutung der nicht notifizierten Sicherungsabtretung Hagerup, Konkurs og Akkordforhandling, 3. Aufl. 176, 185.

[5]) Bech, Konkurslovgivningen, 2. Aufl. 497.

ners zur Zession einer Forderung nicht erforderlich ist. Im Anschluß daran ist zu prüfen, welche Bedeutung die dennoch vorgenommene Benachrichtigung des Drittschuldners im Verhältnis der Parteien zueinander hat. Danach werden diejenigen Rechte erörtert, die eine Benachrichtigung des Drittschuldners fordern, damit die Übertragung eines Forderungsrechtes wirksam wird. Im Anschluß hieran ist dann zu untersuchen, welche Wirkung jene Rechte der nicht auf dem an sich vorgeschriebenen Wege vermittelten Kenntnis des Drittschuldners beimessen.

II. Schwierigkeiten bei der Eingliederung in das Schema bereiten das französische und zahlreiche von ihm beeinflußte Rechte. Geht man nämlich nur vom Wortlaut der Gesetze aus, den sich die Darstellung im Schrifttum ohne weitere Erörterungen zu eigen macht, so würden nur sehr wenige Rechte übrig bleiben, die zum Übergang der Forderung die Benachrichtigung des Drittschuldners für erforderlich erachten. Richtiger aber ist es meines Erachtens, den Code civil und die von ihm beeinflußten Rechte der zweiten oben erwähnten Gruppe zuzurechnen, d. h. also anzunehmen, daß nach ihnen eine Forderung nur dann auf den Zessionar übergeht, wenn die vorgeschriebene Benachrichtigung des Drittschuldners erfolgt ist.

Art. 1689 c. c. lautet:

„Dans le transport d'une créance, d'un droit ou d'une action sur un tiers, la délivrance s'opère entre le cédant et le cessionnaire par la remise du titre."

Dann heißt es in Abs. 1 von Art. 1690:

„Le cessionnaire n'est saisi à l'égard des tiers que par la signification du transport faite au débiteur."

Schließlich sieht Abs. 2 von Art. 1690 vor, daß dieser signification die in öffentlich beglaubigter Urkunde erfolgte Annahme der Abtretung durch den Schuldner gleichsteht [1]). Der Text ergibt, daß der erste Artikel von Wirkungen zwischen Zedent und Zessionar, der zweite von solchen gegenüber Dritten spricht. Welcher Art diese Wirkungen sind, ist nicht ganz deutlich, da manche der verwandten Ausdrücke in ihrer Bedeutung schwer verständlich sind. Um sie zu verstehen, wird es notwendig sein, die Entstehungsgeschichte des die Zession

[1]) Bei den folgenden Ausführungen wird dieser auch nach den meisten Tochterrechten mögliche Ersatz der signification durch die acceptation unberücksichtigt gelassen.

behandelnden Kapitels und die Auslegung seiner Bestimmungen durch die Rechtsprechung heranzuziehen. Zwar herrscht in Frankreich nicht das anglo-amerikanische Prinzip der Bindung an Präjudizien. Wenn aber eine feste Rechtsprechung diese oder jene Auslegung vorgenommen hat, so wird der Ausländer wohl kaum je ihre Maßgeblichkeit als Quelle des geltenden französischen Rechts bestreiten. Doch wird dies nur gelten, wenn diese Auslegung von praktischer Bedeutsamkeit ist, nicht aber dann, wenn die Auslegung bisher nur theoretische Konstruktion geblieben ist und die konkrete Fallentscheidung auch anders erklärt werden kann. So hat z. B. wie erwähnt Art. 1689 c. c. im französischen Recht eine Auslegung erfahren, die mit dem Wortlaut nur schwer, wenn überhaupt, vereinbar ist. Man nimmt nämlich an, daß die Übergabe der über die abgetretene Forderung errichteten Urkunde, wenn eine solche errichtet ist, nur eine der Verpflichtungen des Forderungskäufers bildet. Für die Bewirkung des transport komme es aber auf sie gar nicht, sondern nur auf die Einigung zwischen Zedent und Zessionar über den Forderungsübergang und dessen Kausa an [1]. Hiermit hat sich der ausländische Betrachter abzufinden; das Zurückgehen auf den Wortlaut der Bestimmung würde zu keiner Darstellung des geltenden französischen Rechts führen. Anders ist die französische Rechtsprechung und Rechtslehre bei der Auslegung des folgenden Art. 1690 c. c. verfahren. Der Wortlaut ist als unantastbar betrachtet. In Entscheidungen, Noten und systematischen Darstellungen wird die Wirkung der Zession unter den Parteien von der gegenüber Dritten geschieden. Schon vor Erfüllung der beiden nach Art. 1690 möglichen Formen sei der Übergang des Rechts zwischen den Parteien vollzogen. Hier kann nun aber m. E. nicht nur bewiesen werden, daß diese Auslegung unrichtig ist — das hätte nach dem Gesagten wenig zu bedeuten — sondern auch, daß sie praktisch keine Wirkungen äußert und nur durch Einschränkung allgemeiner Grundsätze des französischen Rechts durchführbar ist.

In krassem Widerspruch zu der herrschenden Auslegung des

---

[1]) Meist wird — der Systematik des Gesetzes folgend — von einer Einigung über den Kaufpreis gesprochen (z. B. Juris-Classeur civil art. 1689 Note 87 und dort zitierte Urteile; da aber anerkannt ist, daß die Abtretung nicht kaufhalber zu erfolgen braucht, trifft die oben gegebene Fassung wohl eher das wirklich Gemeinte. Vgl. Planiol et Ripert, Traité élémentaire II, 10. Aufl. n. 1622; Dalloz, Répertoire Pratique XII, 281 nr. 90 f. (96). s. v. Transport-cession.

Art. 1690 steht schon die Entstehungsgeschichte des Artikels [1]). Die Bestimmung des Art. 1690 geht auf Art. 108 der Coutume de Paris zurück. Dort hieß es:

„Un simple transport ne saisit point, et faut signifier le transport à la partie, et en bailler copie."

Damit sollte, was unzweifelhaft ist, zum Ausdruck gebracht werden, daß erst die signification den Übergang der Forderung auf den Zessionar bewirke. Das zeigen besonders instruktiv die Ausführungen von Pothier, der die signification bei der Zession mit der Übergabe vergleicht, die damals noch zur Übereignung körperlicher Gegenstände erforderlich war:

„Le transport d'une rente ou autre créance est, avant que la signification en ait été faite au débiteur, ce qu'est la vente d'une chose corporelle avant la tradition: de même que le vendeur d'une chose corporelle demeure, avant que la tradition en ait été faite, possesseur et propriétaire de la chose qu'il a vendue . . . de même, tant que le cessionnaire n'a point fait signifier au débiteur le transport qui lui a été fait, le cédant n'est point dessaisi de la créance qu'il a transportée." [2])

Die Verhandlungen der gesetzgebenden Körperschaften ergeben mit völliger Sicherheit, daß an dieser Rechtslage, anders als bei der Übereignung körperlicher Gegenstände nichts geändert werden sollte [3]). Im Schrifttum ist dies auch zuweilen anerkannt worden [4]).

Die französische Rechtslehre und Rechtsprechung hat, wie erwähnt, diese klare Entstehungsgeschichte unbeachtet gelassen und allein auf den Wortlaut abgestellt [5]). Das Ergebnis ist die Konstruktion des relativ wirksamen Forderungsübergangs —

---

[1]) Vgl. zum folgenden auch Schumann, Rechtsvergl Handwörterbuch 2, 36.

[2]) Pothier, Œuvres, Ausgabe von Bugnet III No. 554.

[3]) Vgl. die Materialien bei Locré, La législation de la France 14, 74 (Annahme im Staatsrat), 184 (Motive von Portalis: „Il (le projet) rappelle à cet égard des maximes trop connues pour que nous ayons besoin d'indiquer les motifs de sagesse et de justice sur lesquelles elles sont appuyées") 255 (Rede von Grenier, die zur Annahme des Gesetzes führte: „La vente ou cession de cette espèce de biens tient à des principes particuliers, qui sont établis par le projet de loi sur des bases certaines, et qui étaient posées par des lois existantes").

[4]) Bugnet zu Pothier, a. a. O. Anm. 3.

[5]) Dies tun selbst solche Autoren, die wie Albert Wahl, Sirey 1898, 1, 113 ff. (Note) die Entstehungsgeschichte genau anführen. — Die Rechtsprechung hat damit für die Zession einen ähnlichen Zustand geschaffen (allerdings nur für ein engeres Gebiet und — wie ich glaube — nur dem Ausdruck, nicht der Sache nach), wie ihn der c. c. selbst bereits für die Übereignung von Sachen schuf: Zurückdrängung des sinnlichen Moments (Saisir, saisine = Gewere) auf Kosten stärkerer Betonung des Parteiwillens.

ein altertümliches Gebilde, das der Jurist m. E. nur dann verwenden darf, wenn das Gesetz ihn hierzu unabweislich zwingt [1]).

Prüft man an Hand der französischen Rechtsprechung [2]) nach, in welchen entschiedenen Fällen die erwähnte Konstruktion eines nur unter den Parteien wirksamen dinglichen Übergangs der Forderung ratio decidendi für die Entscheidung geworden ist, so findet man kein Urteil des Kassationshofs und nur wenige und auch dann nicht überzeugende der Berufungsgerichte. Ein älteres Urteil des Kassationshofs wird zwar auch dafür angeführt, daß die Annahme einer Wirksamkeit im Verhältnis zwischen den Parteien praktische Folgen habe; aber die betreffende Entscheidung ist nur in so kurzem Auszuge veröffentlicht, daß sie kein sicherer Anhaltspunkt ist [3 4]).

Scheinbar spricht ein Urteil des Kassationshofes vom 9. März 1864 [5]) stark für die Gegenansicht. Der Zessionar war vom Schuldner befriedigt worden, ohne daß eine signification stattgefunden hatte. Später verlangte der Konkursverwalter des Zedenten vom Zessionar den Forderungsbetrag zur Masse. Die Cour de Cassation hob das verurteilende Erkenntnis der Cour d'Appel von Lyon auf. Art. 1690 komme dann nicht zur Anwendung, wenn vor einem Widerspruch des Dritten die Übertragung durch Erfüllung seitens des Schuldners „a reçu son exécution".

---

[1]) Vgl. z. B. von Tuhr, Allg. Teil d. Schweiz. Obl. R. I, 196 f. u. Allg. Teil II, 1, § 58 (332 f.), der dort deutsche und schweizerische Gesetze entgegen dem Wortlaut ähnlich auslegt, wie es m. E. für Art. 1689 f. c. c. richtig ist.

[2]) Die Rechtslehre — schon an sich in diesem Punkte weniger bedeutsam — schweigt über die praktische Wirkung der Konstruktion völlig.

[3]) Urteil vom 20. November 1828: Dalloz, Jurisprudence générale, Bd. 43 S. 417 No. 1751. Folgendes sind die einzigen veröffentlichten Sätze der Entscheidung: „Attendu que la disposition (de l'art. 1690) est toute en faveur des tiers, débiteurs des objects cédés, et que dans l'espèce, le débiteur a déclaré tenir le transport litigieux pour bien et dûment signifié tant à lui qu'à ses consorts".

[4]) Das Urteil des Kassationshofes v. 7. I. 1857, Dalloz, 1857, 1, 81, spricht zwar ganz allgemein aus, daß der Zessionar sich nicht auf die Nichtvornahme der signification berufen könne, dies vielmehr nur ein Recht des „Dritten" sei. Es handelte sich dabei um einen retrait successoral, der vom Miterben ausgeübt wurde, bevor die signification erfolgt war. Um eine Verfügungswirkung handelt es sich hier nicht; es wird nur der retrait successoral schon bei Vorliegen eines bloß obligatorischen Zessionsvertrages gegeben.

[5]) Sirey 1864, 1, 185; zustimmend Aubry et Rau, Droit Civil Français 5, 5. Aufl. 216 ff. und Baudry-Lacantinerie et Saignat, De la vente et de l'échange. 3. Aufl. Nr. 851.

Die Note zu dem Urteil bei Sirey a. a. O. weist mit Recht darauf hin, daß dies Ergebnis seine Rechtfertigung einfach darin finde, daß auf Grund des Zessionsgeschäfts an den Zessionar als procurator in rem suam des Zedenten befreiend geleistet werden könne. Nicht aber sei ohne die Erfüllung einer der beiden Formen des Art. 1690 die Forderung in das Vermögen des Zessionars übergegangen [1]). Übrigens verdient die Entscheidung die ihr zu Teil gewordene Kritik, regelwidrig und ziemlich dunkel zu sein [2]).

Wo die bekämpfte Lehre sonst noch zur Rechtfertigung einer Entscheidung angeführt wird, handelt es sich oft nur um die obligatorischen Beziehungen zwischen Zedent und Zessionar [3]). Das Urteil der Cour de Paris vom 12. Juli 1911 [4]) kann mit Sicherheit weder für die eine noch für die andere Ansicht angeführt werden. Die Entscheidung führt die Gesetzesbestimmung, auf die sie sich gründet, nicht an, ihr Inhalt ergibt auch nicht, daß das Gericht der Unterlassung der signification irgendwelche Bedeutung beigemessen hat. Vielmehr stehen andere Fragen im Vordergrunde des Interesses [5 6]).

---

1) Aus ähnlichen Gründen ist ein neues Urteil des Tribunal Civil de Bordeaux (Urteil vom 31. 5. 1911, Gaz. du Pal. 1911, 2, 528) nicht für die Gegenansicht verwertbar. Ein verklagter Schuldner wandte ein, daß seine Schuld durch Aufrechnung mit einer ihm abgetretenen Forderung eines Gläubigers des Klägers getilgt sei. Das Gericht nahm Erlöschen der Schuld durch Aufrechnung an, obwohl eine signification nicht stattgefunden hatte. Abgesehen davon, daß die gleichen Gründe wie beim oben erwähnten Urteil des Kassationshofes gegen die Annahme einer dinglichen Wirkung der Zession zwischen den Parteien sprechen (beide betreffen übrigens gar keinen Fall einer nur zwischen den Zessionsparteien streitigen Wirkung, vielmehr wird der Zession Wirkung gegen Dritte zuerkannt), scheint das Schwergewicht der Begründung in folgendem zu liegen: Der Drittschuldner war Prozeßpartei, so daß in seiner prozessualen Kenntnis ein ausreichender Ersatz der signification gesehen werden kann. Ist die Begründung in diesem Punkt auch nicht ganz klar, so wird doch jedenfalls dieses erstinstanzliche Urteil nicht geeignet sein, unsere Auffassung von dem praktischen Inhalt der Art. 1689 und 1690 zu erschüttern.

2) Planiol et Ripert, Traité pratique VII 454.

3) z. B. Dalloz, Répertoire Pratique XII, 281 No. 89 (betrifft die Garantiehaftung des Zedenten, der vor der notification der ersten Zession noch einmal abtritt). Vgl. auch das in den nächsten Anmerkungen erwähnte Urteil.

4) Dalloz, 1913, 2, 189.

5) Eine im Urteil erwähnte Entscheidung der Vorinstanz hatte allerdings Art. 1689 angewandt. Dort verlangte der Zessionar vom Zedenten

Die in Rechtsprechung und Rechtslehre dem Zedenten in verschieden hohem Maße[1]) zugesprochene Befugnis „actes conservatoires" bezüglich der Forderung vorzunehmen[2]), kann auch nicht für die Gegenansicht angeführt werden. Denn die Annahme einer Sicherung dessen, auf das nur ein obligatorischer Anspruch besteht, ist ebenso gut möglich; auch ist ja jede der Zessionsparteien unter der aufschiebenden oder auflösenden Bedingung der Vornahme der Notifikation Berechtigter der Forderung[3]). Ferner ist zu beachten, daß auch der Zedent nach allgemeiner Ansicht während der erwähnten Zeit alle „actes conservatoires" vornehmen kann[4]). Im argentinischen Recht gibt das Gesetz selbst (Art. 1472 u. 1473) sowohl dem Zedenten wie dem Zessionar das Recht, actos conservatorios vorzunehmen. Für die Frage nach dem Zeitpunkt des Forderungsübergangs ist daraus nichts zu entnehmen.

In dem Urteil der Cour de Paris vom 7. Dezember 1907[5]) wird zwar einer nicht nach Art. 1690 bekannt gegebenen Zession weitgehende Wirksamkeit verliehen. Der Zessionar pfändete Forderungen des Drittschuldners und diese Pfändung wurde vom Gericht aufrecht erhalten. Selbst wenn man dies Urteil für richtig hält — der Anmerker Wahl a. a. O. zeiht es mit guten Gründen des Irrtums — kann für die Auslegung des Art. 1689 nichts aus

---

eine zum Nachweis seines Rechts erforderliche Zessionsurkunde; also eine offenbar der obligatorischen Seite des Zessionsgeschäfts angehörende Beziehung.

[6]) Gegenüber der Zwangsvollstreckung aus der die abgetretene Forderung sichernden Hypothek erhob der Schuldner und Eigentümer des Grundstücks Einspruch. Anscheinend war der Zession nicht in einer der Formen des Art. 1690 Wirkung gegen Dritte verschafft worden. Über die uns interessierende Frage wird in dem Urteil nichts ausdrücklich gesagt. Ich möchte annehmen, daß das Gericht in der Vornahme der Zwangsvollstreckung gegen den Schuldner durch den Zessionar einen Ersatz der signification gesehen hat. Vgl. Dalloz, Nouveau Code Civil IV, 1, Art. 1690 No. 120. Anders allerdings das gleich zu erwähnende Urteil des gleichen Gerichts vom 7. XII. 1907.

[1]) Vgl. die Übersicht bei Dalloz, Nouveau Code Civil IV, 1, Art. 1690 No. 244 ff.

[2]) Besonders häufig ist folgender Fall: Der Zessionar läßt vor Erfüllung der Erfordernisse des Art. 1690, die die Forderung sichernde Hypothek auf seinen Namen umschreiben.

[3]) So (für das *argentinische* Recht) Lafaille, Obligaciones I 188.

[4]) Dalloz, Nouveau Code Civil, a. a. O. No. 237 ff. und dort Zitierte.

[5]) Sirey, 1908, 2, 185.

ihm entnommen werden, denn wir suchten ja nach praktischen Wirkungen des im Verhältnis der Parteien angeblich erfolgten dinglichen Übergangs. Im entschiedenen Fall aber ist eine Wirkung gegenüber dem Drittschuldner angenommen.

In der französischen Rechtslehre hat man, wie erwähnt, die Inhaltslosigkeit der Behauptung eines im Verhältnis der Parteien erfolgten Forderungsübergangs nicht bemerkt. Auch Werke, die gerade die Untersuchung derartiger relativ wirksamer Rechtsgeschäfte sich zur Aufgabe gemacht haben, schweigen über das Problem. Bastian[1]) hält an der alten These mit Überzeugung fest, obwohl er zugibt, daß nur in der Theorie von einer Wirksamkeit im Verhältnis der Parteien zueinander gesprochen werden könne, da bei jeder praktischen Bewährung des Rechts des Zessionars die Interessen Dritter im Spiele seien, denen gegenüber er nicht als Forderungsberechtigter gelte. Die inopposabilité konstruiert er dergestalt, daß die Dritten eine Einrede haben (a. a. O. 352 ff.).

Allein Planiol[2]) erkennt auf Grund der Entstehungsgeschichte, daß Art. 1690 nicht die Bedeutung hat, Dritten eine Möglichkeit zu geben, sich über das Bestehen der Forderung beim Schuldner zu unterrichten, sondern daß der allein aus der Entstehungsgeschichte zu entnehmende Sinn der ist, daß erst die Vornahme der in Art. 1690 vorgesehenen Akte den Zessionar zum Forderungsinhaber macht. „... le cessionaire ne peut retirer aucun profit du transport qu'après s'être „saisi" de la créance par l'accomplissement d'une formalité." Wie Planiol in Frankreich, so bekämpft Pacchioni[3]) in Italien die herrschende, vom Wortlaut des Gesetzes ausgehende Ansicht. Die Ergebnisse zeigten, daß es sich nur um einen unglücklichen Ausdruck des Gesetzgebers handele, der den Forscher nicht an der korrekten Bezeichnung und Wertung hindern könne. Das aber sei die Annahme einer nur obligatorischen Bindung des Zedenten vor der Notifikation.

Die m. E. richtige Auslegung der Art. 1689 und 1690 c. c. geht mithin dahin, daß (in der Terminologie des deutschen Sy-

---

[1]) Essai d'une théorie générale de l'inopposabilité S. 79 u. ö.

[2]) Planiol et Ripert, Traité élémentaire de droit civil II, 10. Aufl., n. 1614 ff. Ähnlich auch Traité pratique VII, 449 (n. 1128). A. A. aber fast die gesamte neuere Literatur *Frankreichs*, vgl. auch Giovene, Il negozio giuridico rispetto ai terzi, 2. Aufl. 506 und Graziani, La cessione dei crediti 39, 43.

[3]) Lezioni di diritto civile, Obligazioni, Parte Generale 335 f.

stems) die Vornahme der in Art. 1690 erwähnten Akte nach französischem Recht Voraussetzung für den Übergang der Forderung auf den Zessionar ist; vorher bestehen nur obligatorische Beziehungen der Parteien [1]). Diese Ansicht — von der weitaus herrschenden Ansicht in Frankreich abgelehnt — steht mit den Ergebnissen, zu denen jene herrschende Ansicht gelangt, nicht in Widerspruch. Die gleiche Konstruktion muß für die Tochterrechte des c. c. [2]) angenommen werden, soweit nicht festgestellt werden kann, daß in den betreffenden Ländern aus der Annahme des relativ wirksamen Forderungsübergangs praktische, nur dadurch zu erklärende Folgen abgeleitet werden. Zum Teil haben dies die nichtfranzösischen Schriftsteller auch klar erkannt [3]). Bezeichnend ist, daß die Schweiz eine ähnliche Unterscheidung (Art. 184 Alt. Obl. R.) bei Einführung des neuen Obligationenrechts aufgegeben hat, weil die sich nach der Vorschrift ergebende Duplizität des Rechtssubjekts zu allzu komplizierten Rechtslagen führte [4]).

III. Ähnliches gilt für die Rechte, deren Gesetze eine scheinbar dreigestufte Relativität kennen: Wirkung zwischen den Parteien bei Abschluß des Vertrages, Wirkung gegenüber dem Schuldner mit vorschriftsmäßiger Notifikation, Wirkung gegenüber sonstigen Dritten mit Erfüllung weiterer Formvorschriften [5]). Auch bei ihnen wird der ersten Stufe nach den obigen

---

[1]) Außerdem erzeugt, wie ich glaube, die Willenseinigung eine Bindung der Parteien dergestalt, daß ein Widerruf der Einigung nicht mehr gestattet ist. Es handelt sich dabei um eine „Vorwirkung" des Rechtsgeschäfts der Zession im Sinne von Tuhrs, Allg. Teil des Schweiz. Obl. Rechts I, 130.

[2]) Z. B. *Belgien:* art. 1690 c. c.; *Italien:* art. 1539 c. c.; *Rumänien:* art. 1391 ff. c. c.; *Bulgarien:* art. 316 f. OblR. (vgl. dazu aber Kassationshof zit. b. Raphailoff, Créances non négociables en droit bulgare comparé 37 f.); *Argentinien:* art. 1459 cód. civ.; *Chile:* art. 1901 ff. cód. civ.; *Columbien:* art. 1959 ff. cód. civ.; *Ecuador:* art. 1892 f. cód. civ.; ähnlich *Portugal:* art. 789 ff. c. c. Vgl. *Peru:* art. 1468 f. c. c., wo jedenfalls die Literatur von einer zwischen den Parteien wirksamen Zession spricht (Ortiz de Zevallos, Derecho Civil Peruano 170 f.). Ferner muß hierher der offensichtlich auf Art. 1690 c. c. zurückgehende Art. 467 *jap.* BGB. gezählt werden.

[3]) Vgl. den Argentinier Machado, Comentario del Código civil 4. 184; a. A. anscheinend die bei Carette, Diccionario de la Jurisprudencia Argentina s. v. cesion de creditos Nr. 37 und 67 zitierten Urteile.

[4]) v. Tuhr, Allg. Teil d. Schweiz. Obl. R. 720.

[5]) Z. B. *Brasilien:* art. 1067, 1069 cód. civ.; *Costa Rica:* art. 1104 cód. civ.

Ausführungen keine Bedeutung für den dinglichen Forderungsübergang zukommen, im übrigen aber wird nach dem Wortlaut eine relativ wirkende Schuldnerschaft angenommen werden müssen.

Die vorausgehende Darstellung des französischen Rechts hat gezeigt, wie eine eingehende Prüfung des geltenden Rechts zu Ergebnissen führen kann, die aus dem Wortlaut der ihnen zugrunde liegenden gesetzlichen Bestimmungen kaum zu entnehmen sind. Da ist es nicht verwunderlich, wenn sich bei Vergleichung zweier Rechte ergibt, daß ein Rechtssatz gleichen Wortlauts ganz verschiedenen Sinn haben kann. Ein Beispiel hierfür ist die Bedeutung der Benachrichtigung des Drittschuldners im französischen Recht und im englischen equity-Recht. Die herrschende Ansicht in der französischen Rechtslehre stellt, wie gezeigt wurde, fest, daß die Abtretung vor der notification an den Drittschuldner nur zwischen den Parteien Wirksamkeit habe. Ganz ähnlich heißt es in englischen Darstellungen, daß auch ohne notice an den Drittschuldner die Abtretung „im Verhältnis von Zedent und Zessionar" wirksam sei [1]). Für das französische Recht zeigten unsere Untersuchungen, daß eine dingliche Wirkung nicht vorhanden ist; umgekehrt im englischen Recht. Entscheidungen und Rechtslehre ergeben, daß bei der Abtretung nach Equity die Forderung auch ohne notice mit der Abtretung auf den Zessionar übergeht [2] [3]). Sätze wie der angeführte sollen nur bedeuten, daß der Übergang der Forderung durch das Fehlen der notice im Ver-

---

[1]) Snell, Principles of Equity, 20. Aufl. 54; Pollock, Principles of Contract, 9. Aufl. 235.

[2]) Story-Randall, On Equity, 3. Aufl. 441; Snell, a. a. O.; Odgers in Encyclopedia of the Laws of England, 2. Aufl. 1, 568 f. Vgl. insbesondere die obiter dicta des Court of Appeal in Pickering v. Ilfracombe Railway Co. L. R. 3 C. P. 235. Doch finden sich auch Formulierungen, die scheinbar für die Gegenansicht sprechen, z. B. Stocks v. Dobson 22 L. J. Ch. 884 („The law, therefore, requires notice to the debtor, in order to perfect the title of the assignee"). Der Zusammenhang ergibt, daß als Perfektion ein Zustand bezeichnet wird, unter dem der Schuldner nicht mehr mit befreiender Kraft an den Zedenten leisten kann.

[3]) Eine allerdings praktisch recht bedeutsame Sonderregelung besteht seit kurzem für die Abtretung von equitable interests an trust-Gut. Nach sect. 137 (3) Law of Property Act, 1925 ist ein solches assignment gegenüber konkurrierenden Forderungserwerbern nur wirksam, wenn dem trustee eine schriftliche notice gegeben ist, vgl. aber Goodeve, Personal Property, 6. Aufl. 153 (der m. E. zu Unrecht die Vorschrift in sect. 137 ss. 3 auf jedes equitable assignment anwenden will).

hältnis zwischen Zedent und Zessionar nicht mehr beeinträchtigt werden kann, während im Verhältnis zwischen mehreren Zessionaren der gleichen Forderung nach der Regel in Dearle v. Hall (3 Russ. 1 = 38 Engl. Rep. 475) der Schuldner mit befreiender Kraft an den Zessionar leisten kann, von dessen assignment ihm zuerst notice gegeben ist [1]). Da in allen übrigen Fällen, in denen sich das Recht der Zession bewähren kann, also insbesondere bei Pfändung der Forderung durch Gläubiger des Zedenten [2]), die notice keine Rolle spielt, handelt es sich bei der erwähnten Regel nach richtiger Konstruktion nur um eine eigenartige Schutzbestimmung zugunsten des Drittschuldners [3]). In den Vereinigten Staaten hat diese mehrdeutige Terminologie zu großer Unklarheit geführt, die sich aber oft nur als ein Streit um Worte erweist [4]).

IV. 1. In allen Rechten, die die Benachrichtigung des Drittschuldners zum Übergang der Forderung auf den Zessionar nicht verlangen, ist die Frage zu beantworten, ob und in welchem Umfange der nichtswissende Drittschuldner geschützt wird, der an den Zedenten leistet oder in Ansehung der Forderung Rechtsgeschäfte mit ihm vornimmt [5]), die er an sich wirksam nur mit dem wirklichen Gläubiger abschließen kann. Die von Gesetzgebung, Rechtsprechung und Lehre verwandten Ausdrücke (z. B. gutgläubig, notice) sind mehrdeutig, und genaueres

---

[1]) Wofür (Snell, Equity, 20. Aufl. 55) der Gedanke maßgebend gewesen sein dürfte, daß der erste Zessionar durch sein Verhalten den Anschein der Gläubigerstellung des Zedenten erzeugt hat.

[2]) Scott v. Lord Hastings (4 K. & J. 633 =) 70 Engl. Rep. 263.

[3]) Pollock, a. a. O. 235 ff.

[4]) Vgl. die Darstellung bei Page, On the Law of Contracts 4, §§ 2274 ff.

[5]) Auch da, wo das Gesetz nur von der Leistung spricht, wie in der *Schweiz* (Art. 167 Obl. R.) und *Spanien* (art. 1527 cód. civ.) dehnt die Lehre die Bestimmung auf sonstige, die Forderung betreffende Rechtsgeschäfte aus: Tuhr, Schweiz. Obl. R. § 96 Note 16; Oser, Obl. R. Art. 167, 2a. Enciclopedia Juridica Española V, 1095 (s. v. cesion). Anders und eigenartig ist die Stellung des im Restatement of the Law of Contracts niedergelegten *amerikanischen* Rechts. Dort wird zwischen Verteidigungsmitteln im allgemeinen und Rechtsgeschäften unterschieden, die zu einem gültigen discharge (d. i. Erfüllung, Leistung an Erfüllungsstatt, Novation, Erlaß) des Schuldners führen. Bei den ersteren kommt es auf die notice des Schuldners an, bei den zweiten greift eine eingehende Regelung Platz, von der hier namentlich interessiert, daß fahrlässige Unkenntnis nicht geschützt wird, s. u. sowie Neuner, Rabels Z. 5, 50. Vgl. ferner den tschechoslowakischen Entwurf § 1285.

Studium zeigt, daß manchmal unter ähnlich formulierten Grundsätzen sich Rechtssätze verschiedenen Inhalts verbergen. Wir haben hier zu unterscheiden zwischen solchen Rechten, die bereits dem Kennen-müssen des Drittschuldners eine Bedeutung beimessen und solchen, die eine Kenntnis verlangen, wobei wiederum der Begriff der Kenntnis in den einzelnen Rechten festzustellen ist [1]). Schließlich muß festgestellt werden, welche besonderen Arten der Benachrichtigung mit erhöhter Wirkung ausgestattet sind, sowie, welche von ihnen der Schuldner fordern darf oder welche anderen Mittel zu seinem Schutze er hat [2]).

2. Zunächst sind hier die Rechte zu erwähnen, in denen bereits der Begriff des „gutgläubigen" Schuldners so gestaltet ist, daß ein darüber hinausgehender Schutz nicht notwendig ist. Hierher zählt sowohl das gegenwärtige ungarische Recht wie die beiden Entwürfe [3]). Danach kann der Schuldner, der von der Zession nicht verständigt wurde, den Zedenten (bezw. einen späteren Zessionar) als Gläubiger betrachten. Die Verständigung i. S. des ungarischen Rechts kann nur durch den Zedenten oder Zessionar erfolgen [4]), und nichts spricht dafür, daß eine anderweitig erlangte Kenntnis dem Schuldner die Möglichkeit zu schuldbefreiender Leistung an den Zedenten (bezw. zweiten Zessionar) nimmt. Überdies muß der die Verständigung

---

[1]) Nicht zustimmen kann ich der Einteilung Schumanns, Forderungsabtretung, 158, der Kennen und Kennenmüssen nicht trennt und so z. B. deutsches und schweizerisches Recht einer Gruppe zuweist. Vgl. auch a. a. O. 160 zu Anm. 58. Doch ist zuzugeben, daß die Rechtsprechung den grundsätzlichen Gegensatz zu überbrücken trachtet, vgl. unten S. 89 f.

[2]) Eigenartig ist die Regelung nach altem russischen Zivilrecht, die im folgenden nach Klibanski, Handbuch des gesamten russischen Zivilrechts I 158, 213; III 243 wiedergegeben wird. Da die folgenden Rechtssätze nicht ausdrücklich im Gesetz stehen, sondern Äußerungen von Rechtsprechung und Rechtslehre des alten *Rußland* bilden, ist ihre Geltung in den Randstaaten zweifelhaft. Die Zession wirkt gegenüber dem Schuldner erst vom Empfang einer zuverlässigen Mitteilung über die Abtretung. Darunter zählt nicht die bloße Mitteilung des Zessionars, wohl aber die des Zedenten. Außerdem dient dem Schutz des Schuldners der Satz, daß er nur dann mit schuldbefreiender Wirkung leisten kann, wenn ihm Schuldurkunde und Quittung übergeben werden. Nur wenn der Schuldner von der Zession nichts wissen konnte und an den Zedenten zahlt, ist diese Leistung wirksam.

[3]) Almasi, *Ungarisches* Privatrecht II 153. Entwurf 1914 §§ 993 f. Neuer Entwurf §§ 1224 f.

[4]) So legt Professor Péritch auch den § 868 des serbischen BGB. aus (allerdings sehr bestritten). (Freundliche Angabe von Herrn Professor Péritch.)

vornehmende Zessionar sich durch eine vom bisherigen Gläubiger ausgestellte Abtretungsurkunde ausweisen [1]). Mit etwas anderer Formulierung gestaltet der neue mexikanische código civil die Lage des Schuldners sachlich ähnlich. Auch dort geht die Forderung unabhängig von der Benachrichtigung des Schuldners auf den Zessionar über. Aber um seine Rechte gegen den Schuldner ausüben zu können, muß der Zessionar ihm die Abtretung gerichtlich oder außergerichtlich vor zwei Zeugen oder einem Notar notifizieren. Zur Notifikation ist nur der Gläubiger berechtigt, der den Forderungstitel oder (falls ein solcher nicht besteht) die Zessionsurkunde vorweisen kann (Art. 2037 cód. civ.). Bis zu der vorgenommenen Notifikation kann der Schuldner befreiend an den Zedenten, nach ihr nur an den Zessionar leisten (Art. 2040 f. cód. civ.). Ähnlich ist die Regelung im Recht Britisch-Indiens [2]). Die schriftliche notice muß dort grundsätzlich vom Zedenten unterzeichnet sein. Diese Gestaltungen führen vielleicht in einzelnen Fällen zu nicht ganz billigen Ergebnissen, im allgemeinen aber empfehlen sie sich durch ihre klare Kompetenzverteilung: da wo die Berechtigung des Schuldners zu schuldbefreiender Leistung an den Zedenten endigt, beginnt auch gleich seine durch keine Einrede gemilderte Pflicht, an den Neugläubiger zu zahlen. Die Nachprüfung der Verständigung kann ihm ohne weiteres zugemutet werden [3]). Jedenfalls ist die Verständigung für die richterliche Entscheidung des heute zum tausendfach abgeschlossenen Verkehrsgeschäft gewordenen Zessionstatbestandes ein leichter feststellbares Merkmal als die Kenntnis oder das Kennenmüssen, welche Merkmale die Mehrzahl der Rechte entscheiden läßt.

Unvollkommen durchgearbeitet ist die ähnliche Regelung im niederländischen Gesetz. Nach Art. 668 II Burgerlijk Wet-

---

[1]) Tut er es nicht, so ist die Verständigung nach den Entwürfen wirksam, wenn der Schuldner sie nicht wegen der Unterlassung unverzüglich zurückweist.

[2]) Vgl. Transfer of Property Act, 1882—1930 sect. 130 f. und dazu Row, The Transfer of Property Act (1930) 705 ff.; Gour, Law of Transfer in *British-India* spricht allerdings III, 2152 davon, daß der „in Unkenntnis von der Zession" an den Zedenten zahlende Schuldner befreit werde. Richtig kommt es nicht auf die Kenntnis, sondern die notice i. S. von Mitteilung an.

[3]) Besonders da auch das ungarische Recht für den Fall (entschuldbaren?) Zweifels über die Forderungszuständigkeit die Hinterlegung bei Gericht kennt. Almási, a. a. O. zu Note 7.

boek hat (abgesehen vom schriftlichen Anerkenntnis) die Zession solange gegenüber dem Schuldner keine Wirkung, bis sie ihm nicht (durch den Gerichtsvollzieher) angezeigt ist[1]). Es braucht dieser Anzeige nicht etwa eine Abschrift des Zessionsvertrages beizuliegen[2]), auch kann sie vom alten oder angeblichen neuen Schuldner ausgehen[3]). Ist sie vom Zessionar veranlaßt, so hat der Schuldner dessen Gläubigerschaft auf eigene Gefahr zu prüfen[4]). Trotz der vorgesehenen förmlichen Mitteilung — also einer wesentlichen Belastung der Zessionsparteien — bleibt die Lage des Drittschuldners mithin reichlich unsicher und diese Art des Schutzes des guten Glaubens[5]) nicht nachahmenswert.

3. Die Tatsache, daß der an den Zedenten leistende Schuldner die Abtretung kennen mußte, d. h. infolge von Fahrlässigkeit nicht kennt (§ 122 II BGB.) ist nach deutschem und österreichischem Gesetz für die Gültigkeit seiner Leistung unschädlich (§ 407 I BGB., § 1395 ABGB.[6 7]), im Gegensatz dazu betonen das schweizerische Gesetz und das im Restatement niedergelegte nordamerikanische Recht[8]) mehr den Schutz des For-

---

[1]) Veegens-Oppenheim, Nederlandsch Burgerlijk Recht II, 3. Aufl. 72.

[2]) Veegens-Oppenheim, a. a. O. 72 f. und dort zitierte Rechtsprechung.

[3]) Opzoomer, Het Burgerlijk Wetboek, 3. Aufl. zu Art. 668 (S. 595).

[4]) Opzoomer, Het Burgerlijk Wetboek, 3. Aufl. zu Art. 668 (S. 595).

[5]) Darum handelt es sich m. E., wenn auch der Wortlaut für eine relative Unwirksamkeit im Verhältnis zum Schuldner zu sprechen scheint. Aber weder Rechtsprechung noch Rechtslehre ergeben, daß mit der unerfreulichen (s. oben S. 76 f.) Konstruktion der relativen Wirksamkeit ernst gemacht wird.

[6]) Zu Unrecht behauptet die Begründung zum Entwurf des Bürgerlichen Gesetzbuchs für die Čechoslovakische Republik S. 786, daß das Abstellen auf die unverschuldete Unkenntnis im Sinne des ABGB. liege, vgl. Ehrenzweig, System d. allg. PrivR. II 1 § 330 I.

[7]) Ebenso die neuere *schwedische* Rechtsprechung (N. J. A. 1928, 393), *Norwegen*, Stang, Norske Obligationsret, Almindelige Del, 5. Aufl. § 70; *Spanien* (Art. 1527), *Cuba* und *Honduras* (näheres über Vermittlung und Art der geforderten Kenntnis bei Manresa, Comentarios al Código Civil Español, 3. Aufl. Bd. 10 S. 397 ff.); *Südafrika:* Lee, Introduction to Roman-Dutch Law, 3. Aufl. 254.

[8]) Ferner *Dänemark:* Lassen, Haandbog i Obligationsretten Almindelig Del, 3. Aufl. 564, Munch-Petersen, Den borgerlige Ret, 7. Aufl. 287.

derungsberechtigten; dieser grundsätzliche Unterschied zwischen den erwähnten Rechten besteht sowohl für die Rechtslage vor der Benachrichtigung des Schuldners, wie für die Zeit nachher. Der vor der Anzeige an den Zedenten zahlende Schuldner wird nur befreit, wenn er von der Abtretung infolge entschuldbaren Irrtums nicht wußte (Art. 167 Obl.R., Art. 3 ZGB.). Ähnlich, aber mit einer beachtlichen Abweichung das nordamerikanische Recht [1]). Schließt der Schuldner mit dem Zedenten in nichtfahrlässiger Unkenntnis von der Zession ein die Forderung betreffendes Rechtsgeschäft [2]), so wird er nur dann geschützt, wenn das discharge entgeltlich ist (z. B. Erfüllung), nicht also bei schenkweise erfolgendem Verzicht. Dadurch wird der Umweg über das Bereicherungsrecht (§ 816 I S. 2 BGB.), den das deutsche Recht geht, erspart. Praktisch spielt auch der andere Gegensatz der Rechte (Kenntnis oder fahrlässige Unkenntnis) keine große Rolle, denn die deutsche Rechtsprechung hat das Wort „kennen" in § 407 in einer Weise ausgelegt, daß fast die verschuldete Unkenntnis gewöhnlichen Sprachgebrauchs mit darunter fällt. Ursprünglich nahm das Reichsgericht an, daß der Schuldner auch dann noch dem Zedenten leisten könne, wenn er Zweifel darüber hege, ob die Forderung noch dem alten, oder schon einem neuen Gläubiger zustehe [3]).

In der neueren Rechtsprechung ist der Schuldner nicht mehr bei jedem Zweifel vor weiterer Inanspruchnahme bei Leistung an den Zedenten geschützt. Ist der Zweifel nicht „vernünftig", so ist der Schuldner selbst verpflichtet, sich zu vergewissern [4]). Geht aber auch da, wo das Gesetz nur von Kenntnis spricht, die Tendenz der Rechtsprechung dahin, vom Schuldner Nachforschung in gewissem Umfange zu verlangen, so zeigt das, daß die heutige Auffassung des Geschäftsverkehrs eine derartige Verschärfung der Obliegenheiten des Schuldners fordert. Bezeichnend dafür ist auch, daß der tschechoslowakische Entwurf eines bürgerlichen Gesetzbuchs § 1285 die Befreiung des an den Zedenten zahlenden Schuldners nur dann eintreten läßt,

---

[1]) Restatement of the Law of Contracts sect. 170, dazu Neuner, RabelsZ. 5, 50. Die Darstellung bei Williston, Contracts I, sect. 433 unterscheidet noch nicht so scharf (vgl. auch sect. 437).

[2]) Das zum discharge führt.

[3]) RG. 61, 247 f.

[4]) RG. 88, 8; 102, 387.

wenn er ohne sein Verschulden von der Abtretung keine Kenntnis erlangt hat[1]).

Das hier allein in Betracht kommende englische equity-Recht schützt den Schuldner in etwas weiterem Umfang. Grundsätzlich entscheidet der Augenblick der „notice“ darüber, ob der Schuldner noch wirksam mit dem ursprünglichen Gläubiger Rechtsgeschäfte über die Forderung abschließen kann, sowie darüber, in welchem Rangverhältnis mehrere Zessionare zueinander stehen[2]). Leider ist das Wort notice an sich schon zweideutig und überdies von der Rechtsprechung für unsere Frage nicht völlig klar bestimmt. Notice bedeutet sowohl Mitteilung wie Kenntnis[3]). Im Recht des Statute Law (sect. 136 Law of Property Act, 1925) bedeutet notice zweifellos nur Mitteilung. Die ohne die vorgeschriebene förmliche Mitteilung vermittelte Kenntnis ist wirkungslos für den Übergang der Forderung. Nicht so im equity-Recht; hat der Schuldner notice im eben erwähnten Sinne erhalten, so sind auch hier unzweifelhaft die beiden genannten Wirkungen der notice eingetreten. Aber auch die notice im anderen Sinn von Kenntnis hat Bedeutung: Erfährt der Schuldner aus der Zeitung z. B., daß der ursprüngliche Gläubiger Handlungen vorgenommen hat, denen nach englischem Recht eine Abtretung der Forderung vorherzugehen hat, so hat er nach einem älteren Urteil[4]) bereits notice. Es braucht nur nachgewiesen zu werden, daß ihm Tatsachen mitgeteilt worden sind, aus denen ein verständiger Mann die Abtretung als genügend sicher entnehmen konnte. Groß ist der

---

1) Über die Behauptung der Begründung, daß das mit dem bisherigen Recht übereinstimme s. oben S. 86, Anm. 6.

2) Z. B. Pollock, Contract, 9. Aufl. 235 ff.; Leake-Walker, Contracts, 8. Aufl. 912 f. Daß die beiden oben erwähnten Wirkungen der notice nach gleichen Regeln zu behandeln sind (und mithin Präjudizien über die eine auch für die andere zu beachten sind), wird in Rechtsprechung und Literatur zwar nie ausdrücklich ausgesprochen, aber doch der Sache nach angenommen. (Vgl. außer den Zitierten Stocks v. Dobson 22 L. J. Ch. 885).

3) Vgl. The Concise Oxford Dictionary s. v. notice; Schumann, Forderungsabtretung 160.

4) Lloyd v. Banks L. R. 3 Ch. 488. Vgl. jedoch Arden v. Arden 54 L. J. Ch. 655, die m. E. mit der vorerwähnten Berufungsentscheidung in Widerspruch steht. Jedenfalls kann nicht mit gleicher Sicherheit wie für das nordamerikanische Recht behauptet werden, daß Kennenmüssen der Kenntnis gleichsteht.

Unterschied zu den anderen Rechten also grundsätzlich[1]) nicht.

Auch für die Zeit nach der Benachrichtigung des Schuldners von der Abtretung unterscheidet sich anscheinend das schweizerische Recht vom deutschen und österreichischen wesentlich, wenn man allein den Wortlaut der Gesetze beachtet. Wesentlich ist dabei der Unterschied von Benachrichtigung und Kenntnis. Diese kann ohne jene gegeben sein und umgekehrt. Je nachdem, ob ein Recht an den einen oder anderen Begriff anknüpft, ergeben sich Unterschiede. Im deutschen Gesetz findet sich überhaupt keine Bestimmung, die bei einer Benachrichtigung des Schuldners diesem die Macht zu schuldbefreiender Leistung an den Zedenten nimmt, wenn er trotz der Benachrichtigung keine Kenntnis erlangt hat (alle mit einer Benachrichtigung verbundenen vom Gesetz verordneten Wirkungen dienen allein dem Schutze des Schuldners, §§ 409, 410 BGB.). Trotzdem nimmt die neuere Rechtsprechung an, daß der Schuldner sich über die Richtigkeit einer ihm vom Zessionar gemachten äußerlich glaubhaften Mitteilung bei Zweifeln Gewißheit verschaffen muß[2]). Ferner wird mit Recht angenommen, daß Körperschaften, die eine gewisse Dienststelle mit der Annahme von Nachrichten betrauen, sich dann so behandeln lassen müssen (§ 242 BGB.), als ob sie vom Inhalt der Mitteilung Kenntnis genommen hätten, wenn die mit der Weitergabe betrauten Angestellten nicht ihre Schuldigkeit getan haben[3]).

Im schweizerischen Recht ist aus Art. 167 Obl.R. zu folgern, daß mit der vom Abtretenden oder Erwerber gemachten Anzeige für den Schuldner die Möglichkeit erlischt, sich durch eine Leistung an den Zedenten zu befreien. Danach kann also jeder, der sich als Zessionar einer Forderung gegenüber dem Schuldner bezeichnet, diesem die Möglichkeit nehmen, mit sicherer Befreiungswirkung an seinen ursprünglichen Gläubiger

[1]) Für die Frage der Priority bei dem praktisch wichtigen Fall der Abtretung von trust-Gut vgl. aber oben S. 82, Anm. 3.

[2]) RG. 88, 8; 102, 387.

[3]) RG. 135, 247. Aber grundsätzlich wird in dieser Entscheidung Mitteilung und Kenntniserlangung streng geschieden (250: „Erkannte etwa . . ., weil er mit Rechtsangelegenheiten sonst nicht befaßt war, aus einer Anzeige nicht, daß eine Abtretung vorlag, so hatte er eben die Kenntnis von der Abtretung nicht erlangt“. — 251: „Der Gedanke, dem Schuldner den Schutz des § 407 BGB. zu versagen, wenn ihm eine Anzeige von der Abtretung gemäß den §§ 130 flg. BGB. zugegangen ist, läuft der Regel nach darauf hinaus, seine fahrlässige Unkenntnis der Kenntnis gleichzusetzen, und ist sonach mit dem Inhalt des Gesetzes unvereinbar.“)

zu leisten. Das scheint auch die in der Rechtslehre herrschende Ansicht zu sein[1]). Im englischen Recht werden diese feineren Unterschiede nicht erörtert[2]).

Ein praktisch nicht mehr sehr schwer wiegender Unterschied zwischen dem deutschen und dem schweizerischen Recht besteht also nur in dem Fall, daß ein angeblicher Zessionar dem Schuldner eine Benachrichtigung zukommen läßt, die infolge der Person des Zessionars oder sonstiger Umstände eine zuverlässige Kenntnis der Abtretung nicht vermittelt. Dann würde nach deutschem Recht der Schuldner weiter mit befreiender Wirkung an den Zedenten leisten können, während er nach schweizerischem Recht auf eigene Gefahr zwischen der Leistung an den Zedenten und der an den Zessionar zu wählen hat. Die Möglichkeit zur Hinterlegung steht ihm ebenso wie in Deutschland (§ 372 BGB.) erst dann offen, wenn mit verkehrsüblicher Sorgfalt die Frage der Zuständigkeit des Forderungsrechts von ihm nicht entschieden werden kann[3]). Das ist eine Regelung, die den Vorzug vor der englischen verdient, wo bereits die Kenntnis von Streit über die Forderungszuständigkeit den Schuldner zur Hinterlegung berechtigt[4]). Billiger Interessenausgleich erfordert, daß der Schuldner den wirklichen Gläubiger sorgfältig festzustellen sucht. Der Hinterlegungsbehörde kann diese Aufgabe nicht übertragen werden, so daß die Hinterlegung im allgemeinen ein kostspieliges, langwieriges Gerichtsverfahren heraufbeschwört.

Doch ist hinsichtlich des Schuldnerschutzes der Unterschied zwischen dem englischen Recht einerseits und dem deutschen andererseits nicht so groß, wie es bei alleiniger Betrachtung der Hinterlegungsmöglichkeit scheinen möchte. Man muß nämlich die dem Schuldner gewährten Schutzmittel in ihrer Gesamtheit betrachten. Dabei zeigt es sich, daß die leichtere Hinterlegungsmöglichkeit im

---

[1]) Tuhr, Schweizerisches Obligationenrecht § 96 (S. 743). Wenn Oser, Art. 167, 2b bei der Behandlung der Form der Anzeige davon spricht, daß der Schuldner einen Ausweis von dem angeblichen Zessionar erlangen dürfe und müsse, so soll offenbar damit nicht gesagt sein, daß nur die Anzeige des so legitimierten Zessionars die erwähnte Wirkung hat.

[2]) Vgl. Stocks v. Dobson 22 L. J. Ch. 884.

[3]) Art. 168 Obl. R. und Bemerkungen von Oser dazu. So auch das neue *schwedische* Gesetz v. 24. III. 1927 § 1 (RabelsZ. 4, 612).

[4]) Vgl. sect. 136 (1) prov. Law of Property Act, 1925 i. Verb. mit sect. 63 Trustee Act, 1925.

englischen Recht im deutschen Recht durch die Bestimmung des § 410 BGB. ausgeglichen wird: danach kann der Schuldner dem Zessionar die Leistung so lange weigern, bis er ein die Abtretung enthaltendes oder mitteilendes Schriftstück des Zedenten erhält [1]). Für das österreichische Recht vertritt Ehrenzweig [2]) die Ansicht, daß der Schuldner, der keine unmittelbare Nachricht vom Zedenten erhalten hat, vom Zessionar den Nachweis der Abtretung verlangen könne. Einen solchen Schutz kennt z. B. das Schweizer Recht nicht und bürdet damit dem benachrichtigten [3]) Schuldner eine recht erhebliche Verantwortung auf. Überflüssig ist eine solche besondere Schutzbestimmung selbstverständlich auch da, wo nur eine vom Zedenten ausgehende oder gebilligte Notifikation dem Schuldner die Möglichkeit zur schuldbefreienden Leistung an diesen nimmt, also z. B. im ungarischen Recht (s. oben).

4. In einigen Rechten, die die Anzeige an den Drittschuldner nicht zur Wirksamkeit vorschreiben, wird die Frage erörtert, ob die Anzeige zurücknehmbar ist. Für das deutsche Recht ist dieses Problem vom Gesetz gelöst. Wenn der Zedent dem Schuldner Anzeige von der Abtretung gemacht hat, kann er sie nur mit Zustimmung des in der Anzeige als Zessionar Angegebenen widerrufen (§ 409 II BGB.). Das gleiche nimmt auch die ungarische Rechtsprechung an [4]). Diese Ansicht ist scheinbar selbstverständlich, denn durch die Anzeige ist die Stellung des Zessionars verbessert; wenn er auch schon mit Abschluß des Abtretungsvertrages Berechtigter der Forderung geworden ist, so gibt ihm doch erst die Benachrichtigung des Schuldners durch den Zedenten die Gewißheit, daß der Schuldner nicht mehr mit befreiender Kraft an den Zessionar leisten kann. Diese Gewißheit würde durch den Widerruf der Anzeige beeinträchtigt. Aber es gibt auch Rechte, die anders entscheiden. In Österreich und der Schweiz läßt die Rechtslehre [5]) den Wi-

---

[1]) Das ist auch trotz der Unmöglichkeit, eine öffentliche Beglaubigung zu verlangen, Oertmann § 410 BGB. Ziffer 2, ein wesentlicher Schutz für den Schuldner.

[2]) System des allgemeinen österreichischen Privatrechts II 1 § 330 II; vgl. ferner Sammlung der Civilrechtlichen Entscheidungen, Bd. 39 Nr. 1871.

[3]) Eine Beglaubigung der Unterschrift unter der Abtretungserklärung oder der (nicht notwendig) schriftlichen Anzeige kann der Schuldner auch dort nicht verlangen, BG. 50 II 392.

[4]) Almási, Ungarisches Privatrecht II, 153 zu Note 6.

[5]) Rechtsprechung fehlt anscheinend.

derruf, oder wie es Oser nennt, den Rückzug der Benachrichtigung zu[1]). Diese Lösung erscheint bei Schweigen des Gesetzes zutreffend, denn weder durch die Benachrichtigung noch durch deren Widerruf wird die wirkliche Zuständigkeit für die Forderung verändert. Im allgemeinen wird der Widerruf der Benachrichtigung eine ebensolche Verletzung des Kausalvertrages durch den Zedenten sein wie die Nichtbenachrichtigung; dem Schuldner gegenüber freilich unterscheiden sich beide Fälle.

V. 1. Bei der Darstellung der Rechte, die eine Benachrichtigung des Drittschuldners fordern, damit die Übertragung der Forderung wirksam werde, begegnen zwei Gruppen. Solche, bei denen die Benachrichtigung Voraussetzung für die Übertragung gegenüber allen ist und solche, bei denen jene Wirkung nur im Verhältnis zu gewissen Personen herbeigeführt wird. Die Abgrenzung beider Gruppen ist nicht ganz einfach. Schon bei der kritischen Behandlung des französischen Rechtszustandes sahen wir, daß dem Gesetzeswortlaut nicht immer ausschlaggebende Bedeutung beizumessen ist. Leider steht nun für die meisten Rechte nicht ein so reiches Material an Erkenntnisquellen zur Verfügung, wie für das französische Recht. Oft werden Zweifel hinsichtlich der Einordnung übrig bleiben. Es empfiehlt sich daher an dieser Stelle, das Erfordernis der Notifikation allgemein zu behandeln und nicht danach zu unterscheiden, welche Wirkung die Benachrichtigung hat.

Die meisten der in dieser Gruppe darzustellenden Rechte stellen der Notifikation in Hinblick auf das Wirksamwerden der Zession die förmliche Annahme durch den Schuldner gleich[2]).

---

[1]) Oser, Obligationenrecht, Art. 167, 2c; Tuhr, Allgem. Teil des Schweiz. Obligationenrechts, 743; Ehrenzweig, a. a. O.

[2]) Dies ist namentlich deshalb auffällig, weil ja, von Beweisvorschriften abgesehen, nach französischem Recht jede formlose Verpflichtung gültig ist. Es entsteht also die Frage, wie zu entscheiden ist, wenn keine Annahme in öffentlicher Urkunde erfolgt ist, aber der Schuldner privatschriftlich oder mündlich oder durch konkludente Handlungen sich mit dem Übergang einverstanden erklärt hatte. Ein derartiger Fall lag der Entscheidung der Cour de Cassation vom 6. Februar 1878 (Dalloz 1878, 1, 275) zugrunde. Der Drittschuldner hatte an den Zessionar Teilzahlungen geleistet, hierin erblickt die Cour de Cassation eine ausreichende selbständige Verpflichtungserklärung, so daß hier also eine nicht nur für den Zedenten und Zessionar, sondern auch für den Drittschuldner (nicht aber sonstige Dritte, Juris-Classeur Civil Art. 1690—1691 nr. 41) wirksame Abtretung ohne Erfüllung der Form des Art. 1690 angenommen wurde.

Hauptbeispiel hierfür ist Art. 1690 Abs. 2 c. c.:

„Néanmoins le cessionnaire peut être également saisi par l'acceptation du transport faite par le débiteur dans un acte authentique."

Da die praktische Bedeutung dieser Vorschriften im heutigen Verkehr sehr gering ist, werden sie im übrigen an keiner Stelle der Arbeit näher erwähnt.

2. Die Form, in der der Drittschuldner von der Zession zu benachrichtigen ist, ist in den einzelnen Rechten verschieden. Eine zuverlässige Darstellung wird sehr durch die Tatsache erschwert, daß der Gesetzeswortlaut meist keinen Aufschluß gibt. So ist es für eine Reihe von Rechten nur möglich, Vermutungen über die wahrscheinliche Regelung dieser Frage zu äußern. Art. 1690 Abs. 1 des französischen code civil lautet:

„Le cessionnaire n'est saisi à l'égard des tiers que par la signification du transport faite au débiteur."

Bei der Erörterung dieser Bestimmung wird die Frage, in welcher Weise die signification zu geschehen habe, häufig überhaupt nicht erwähnt, häufig wird die Vornahme durch den Gerichtsvollzieher als etwas Selbstverständliches angenommen. In der Tat hat das Wort signification als terminus technicus des französischen Verfahrensrechts den Sinn: förmliche, in der Regel durch den Gerichtsvollzieher erfolgende Zustellung [1]). Art. 1690 ist bekanntlich von vielen Rechtsordnungen — nicht nur eigentlichen Tochterrechten des c. c. — wörtlich übernommen worden. Man sollte meinen, daß damit auch die Form der Mitteilung an den Drittschuldner in jenen Rechten mit dem französischen Vorbild übereinstimme. Das trifft jedoch nicht durchweg zu. Für eine Anzahl von Rechtsordnungen ist allerdings die Notwendigkeit, einen Gerichtsvollzieher mit der Benachrichtigung zu betrauen, unzweifelhaft. Das gilt z. B. für Belgien [2]), Italien [3]), Rumänien [4]) und Polen [5]). Für die zahlreichen Rechte, über deren dem Art. 1690 c. c. entsprechende Gesetzesbestimmungen keine Äußerungen der Rechtslehre und Rechtsprechung

---

[1]) Vgl. s. v. signification: Legrand, Dictionnaire usuel de droit und Littré, Dictionnaire de la langue française.

[2]) Beltjens, Code civil annoté, 3. Aufl. V Art. 1690 no. 42.

[3]) Pacifici-Mazzoni, Diritto civile italiano 4. Aufl. V, 1, 424.

[4]) Hamangiu-Bălănescu-Băicoianu, Drept Civil Roman 2 no. 1479.

[5]) Doch verlangt das polnische Recht die Vornahme der Benachrichtigung durch einen Notar. (Freundliche Mitteilung von Herrn Doktor Wolter, Krakau.)

vorliegen, ist man leicht versucht, mit größter Bestimmtheit das Gleiche zu behaupten. Die Verfasser jener Gesetzbücher müßten — so sollte man meinen — den im französischen Recht ausgesprochenen Gedanken in ihrer Rechtssprache eindeutig haben wiedergeben können — denn dafür, daß irgendwo gerade diese Eigenart des französischen Rechts bewußt nicht übernommen werden sollte, liegt nicht der geringste Anhalt vor. Mindestens aber, so glaubt man, müßten Rechtslehre und Rechtsprechung in kurzer Zeit die vielleicht bisher noch nicht einen terminus technicus bildende Übersetzung des Wortes signification mit dem französischen Begriffsinhalt versehen haben. Diese Argumentation und damit die Möglichkeit, über viele Rechte überhaupt etwas Genaueres auszusagen, wird aber durch die Tatsache erschüttert, daß es mindestens zwei Rechte gibt, für die es feststeht, daß eine formlose Mitteilung an den Drittschuldner ausreicht, obwohl Wortlaut und Entstehungsgeschichte entschieden für das Gegenteil sprechen. Es ist dies das bulgarische Recht und das der kanadischen Provinz Quebec.

Das bulgarische Obligationenrecht (Gesetz über Verbindlichkeiten und Verträge vom 3. Dezember 1892) ist eng an das italienische bürgerliche Gesetzbuch angelehnt. Im Gegensatz zum italienischen und französischen Recht ist aber nach der herrschenden Ansicht in Bulgarien, der sich auch die Rechtsprechung angeschlossen hat, die Mitteilung an den Drittschuldner in jeglicher Form möglich [1]). Noch bezeichnender ist das Beispiel des Rechts von Quebec. Denn die dortige Kodifikation ist in französischer Sprache und von französisch geschulten Juristen abgefaßt, so daß die Formulierung nicht der ungewollten Sinnesänderung einer Übersetzung ausgesetzt war. Die Art. 1570 ff. des code civil von Quebec entsprechen weitgehend den Art. 1689 ff. des franz. c. c. Der dem Art. 1690 analoge Art. 1571 ist zwar in der Formulierung nicht unwesentlich von dem Vorbild verschieden, entspricht ihm inhaltlich aber fast ganz, insbesondere was das uns hier interessierende Wort signifier anlangt. Der erste Satz des Artikels lautet:

„L'acheteur n'a pas de possession utile à l'encontre des tiers, tant que l'acte de vente n'a pas été signifié et qu'il n'en a pas été délivré copie au débiteur."

---

[1]) Raphailoff, De la cession et de la mise en gage des créances non négociables en droit bulgare comparé (Paris 1929) 29, 34 und die an dieser Stelle zitierte Rechtsprechung.

Ursprünglich hielten die Gerichte Quebecs die förmliche Zustellung (durch einen Notar) für notwendig[1]). Seit dem Jahre 1903 hat sich diese Rechtslage durch ein Urteil des britischen Privy Council i. S. Bank of Toronto v. St. Lawrence Fire Insurance Co[2]) geändert. Dort war eine Abtretung dem Schuldner nur privatschriftlich mitgeteilt. Der Privy Council gab der Klage des Zessionars statt. Aus dem Art. 1571 ergäbe sich nicht, daß die signification unter Hinzuziehung eines Notars erfolgen müsse, für eine derartige Ergänzung des Wortlauts läge kein Grund vor, möge auch das dem Quebecer Recht zugrunde liegende französische Recht jenes Erfordernis aufstellen[3]).

Bei den übrigen, also den nicht vom c. c. beeinflußten Rechten ist es leichter, die geforderte Form der Benachrichtigung des Drittschuldners klarzustellen. Nur im sowjetrussischen[4]) und griechischen[5]) Recht ist für die zur Übertragung einer Forderung notwendige Benachrichtigung des Drittschuldners keine Form vorgeschrieben. Im englischen Statute Law und vielen ihm nachgebildeten Rechten des Empire wird ausdrückliche[6]) schriftliche Mitteilung an den Drittschuldner verlangt[7]).

---

[1]) Langelier, Cours de Droit civil de la Province de *Quebec* V, 129.

[2]) 87 L. T. Rep. 462.

[3]) Noch einen anderen, im Mutterrecht fest anerkannten Grundsatz zieht der Privy Council in Zweifel, ohne allerdings eindeutig Stellung zu nehmen: nämlich, daß der Schuldner überhaupt Dritter im Sinne des Art. 1571 ist.

[4]) Art. 124 des bürgerl. Gesetzbuches (Die Darstellung von Eliachevitch-Nolde-Tager, Droit Civil et Commercial des Soviets 2, nr. 26 spricht zu Unrecht von signification).

[5]) Wenigstens nach herrschender Ansicht (freundliche Mitteilung von Herrn Privatdozent C. Fragistas, Saloniki).

[6]) Dies Wort (express) fehlt in sect. 137 ss. 3 Law of Property Act, 1925, der für die Abtretung von equitable interests im Verhältnis zu konkurrierenden Forderungserwerbern schriftliche notice an den trustee fordert (s. ob. S. 82, Anm. 3).

[7]) Sect. 136 (1) Law of Property Act, 1925; ferner sect. 49 Conveyancing and Law of Property Act der kanadischen Provinz *Ontario*; sect. 25 (11) Judicature Act v. *New Foundland* (Ch. 83 Consol. Stat, 1916); sect. 46 Property Law Act, 1908 v. *Neuseeland*; sect. 57 ss. 6 Supreme Court Act, 1915 v. *Victoria;* sect. 12 Conveyancing Act, 1919 von *New South Wales* u. a. Jedoch gibt es überraschende Ausnahmen. So läßt sect. 2 des Choses in Action Act des kanadischen Staates *Saskatchewan* anscheinend die Forderung ohne jegliche Benachrichtigung des Drittschuldners auf den Zessionar übergehen (vgl. sect. 2, 5, 6). Das Recht *Palästinas* (Assignment of Debts Ordinance No. 20 von 1928 sect. 2 ss. 2) verlangt, daß die schriftliche Benachrichtigung des Drittschuldners

Das japanische BGB. (§ 467) verlangt für eine gegenüber allen Dritten wirksame Zession[1]), daß die an sich formlos mögliche Anzeige an den Drittschuldner in einer mit behördlich bestätigtem Datum versehenen Urkunde enthalten ist. Das hat in der Praxis dazu geführt, daß die Anzeige meist schriftlich durch die Post geschieht, die eine der erwähnten Vorschrift entsprechende Feststellung des Datums der Vornahme trifft. Ähnlich verlangt das argentinische Recht[2]) für die absolute Wirksamkeit einer Forderungsübertragung die in öffentlicher Urkunde erfolgende Benachrichtigung des Drittschuldners. Das schottische Recht kennt drei verschiedene Formen der Benachrichtigung (intimation)[3]). Die von dem Transmission of Moveable Property (Scotland) Act, 1862 ausdrücklich aufrecht erhaltene ältere Art der intimation geschieht durch Übergabe einer notariell beglaubigten Abschrift der Zession (assignation) an den Schuldner in Anwesenheit eines Vertreters des Zessionars und zweier Zeugen unter Aufnahme eines eingehenden Protokolls. Das Gesetz von 1862 selbst sieht zwei Formen der intimation vor: entweder übergibt der Notar eine beglaubigte Abschrift der assignation in Gegenwart von zwei Zeugen dem Schuldner, worüber eine Urkunde aufgenommen wird, oder der Zessionar übersendet dem Schuldner durch die Post eine beglaubigte Abschrift, deren Empfang der Schuldner schriftlich bestätigt.

---

ihm entweder persönlich oder durch eingeschriebenen Brief zugestellt wird.

[1]) Nach der mir vorliegenden deutschen Übersetzung von Vogt lautet der Text, daß eine nach den Vorschriften des Abs. 1 geschehene Anzeige „anderen Dritten als dem Schuldner nur entgegengesetzt werden" könne, wenn sie in der oben erwähnten Form geschehen sei (die englische Übersetzung von de Becker, Annotated Civil Code of *Japan* sagt „cannot be set up against..."). Ich möchte annehmen, daß trotz dieser prozessualen Verkleidung zuvor eine wirkliche relative Unwirksamkeit gegenüber diesen Dritten vorliegt und nicht nur eine Einrede besteht. Andernfalls entstünde große Unsicherheit: der Zessionar hätte die Wahl, ob er die Forderung als Bestandteil seines Vermögens in Anspruch nehmen will und diese Wahl hätte er unbegrenzte Zeit (vgl. aus dem deutschen Recht die richtige Auslegung des § 1344 BGB. bei Martin Wolff, Familienrecht 6. Bearbeitung § 28 II.).

[2]) Art. 1467 a. E. Die Art. 1459 ff. lassen die Frage zunächst unklar. Aus Art. 1467 a. E. ergibt sich jedoch, daß die absolute Wirksamkeit erst mit der in öffentlicher Urkunde erfolgenden Notifikation eintritt.

[3]) Gloag and Henderson, Introduction to the Law of *Scotland* 396 f. Wedderburn s. v. assignation in Encyclopædia of the Laws of *Scotland* 2, 7.

Für die noch übrigen Rechte ist man auf mehr oder minder starke Vermutungen angewiesen. Hierzu zählen Argentinien [1]), Brasilien [2]), Costa Rica [3]), Uruguay [4]), Chile, Columbien, Ecuador [5]).

3. Bei einer Vergleichung der Rechte mit Notifikationspflicht und der ohne Notifikationspflicht ist man leicht versucht, anzunehmen, daß die Stellung des Schuldners, insbesondere sein Schutz bei unsicherer Sach- oder Rechtslage, in denjenigen Rechten besser ist, die den Übergang des Forderungsrechts von der Benachrichtigung des Schuldners abhängig machen. Dem ist jedoch keineswegs so. Theoretisch ließe sich zwar ein Recht vorstellen, das den Schuldner nach stattgefundener Notifikation jeder weiteren Pflicht zur Nachforschung überhebt und ihm die Leistung an den in der Notifikation Benannten mit befreiender Wirkung gestattet. Die Umschau unter den bestehenden Rechtsordnungen lehrt jedoch, daß anscheinend kein Recht so weit geht. Nur für die Zeit vor der Notifikation bieten jene Rechtsordnungen mit Notifikationspflicht dem Schuldner eine (wie unten zu zeigen sein wird auch nicht unbedingte) Sicherheit bei Leistungen an den Zedenten. Das oft übernommene Hauptbeispiel für Gesetzesbestimmungen dieser Art ist Art. 1691 des französischen code civil: soweit der Schuld-

---

[1]) Art. 1459 ff. (1467) Cód. civ. Die Frage ist für das *argentinische* Recht nicht so bedeutsam, weil Art. 1467 ausdrücklich die Notifikation durch acto publico fordert, um gegenüber sonstigen Interessenten (außer Zessionar und Schuldner, Lafaille, Obligaciones I 190, vgl. aber auch 191 no. 371) zu wirken.

[2]) Dessen Recht scheinbar eine dreigestaltige Relativität (s. oben S. 81) kennt, Art. 1067, 1069 Cod. civ. Nach Art. 1069 hat die Zession im Verhältnis zum Schuldner keine Wirksamkeit, solange sie ihm nicht notifiziert worden ist (notificada); welche Form dafür notwendig ist, bleibt zweifelhaft. De Mendonça, Doutrina ed Pratica das Obrigações 2. Aufl. II 123 läßt jede beliebige Form ausreichen.

[3]) Vgl. Art. 1104 Cód. civ. (Notifizierung notwendig zum Wirksamwerden gegenüber dem Schuldner).

[4]) Art. 1757 f. Cód. civ., Art. 563 f. Cód. com.

[5]) *Chile* Art. 1902 f. Cód. civ.; *Columbien* Art. 1690 f. Cód. civ. *Ecuador* Art. 1893 f. Cód. civ. Bei der geforderten Notifikation muß der Titel über die abgetretene Forderung nebst einem vom Zedenten unterzeichneten Übertragungsvermerk vorgelegt werden. Art. 162 II des chilenischen Cód. com. sagt ausdrücklich, daß die Notifikation durch einen Urkundsbeamten zu erfolgen hat. Ich möchte annehmen, daß dadurch nur der Sinn des früher erlassenen Zivilgesetzes erläutert werden sollte.

ner vor der signification an den Zedenten geleistet hat[1]), ist er befreit[2]).

Bemerkenswert bei Vorschriften dieser Art ist, daß nirgends[3]) zwischen dem Augenblick der Zustellung und dem der Kenntniserlangung unterschieden wird; der zweite braucht aber keineswegs mit dem ersten zusammenzufallen[4]).

So kann es sich bei der folgenden Darstellung nur darum handeln, in welchem Umfange die einzelnen Rechte dem benachrichtigten Drittschuldner die Nachprüfung der in der Notifikation enthaltenen Behauptungen erleichtern und ermöglichen.

Eine wesentliche Verbesserung der Lage des Schuldners würde durch die Bestimmung herbeigeführt werden, daß nur der Zedent rechtswirksam eine Notifikation vornehmen kann. Anscheinend findet sich eine derartige Vorschrift in keinem dieser Gruppe angehörigen Rechte. So enthält das französische Recht nicht einmal eine Bestimmung, die gewährleistet, daß die signification an den Drittschuldner nur auf Grund einer wirklichen Zession und im Auftrage einer der Zessionsparteien stattfindet. Es steht zwar in der Literatur fest, daß die Beauftragung des Gerichtsvollziehers durch den Zedenten oder den Zessionar zu erfolgen hat, was sich hinreichend deutlich auch schon aus dem Gesetz (Art. 1691) ergibt[5]). Nirgends findet sich ein Anhaltspunkt dafür, daß der Gerichtsvollzieher zur Nachprüfung der Zedenten- oder Zessionarseigenschaft des Auftraggebers berechtigt ist[6]).

So bietet das Erfordernis der signification für den Schuldner keine besonders erhöhte Sicherheit. Zwar kann er in den

---

[1]) Vgl. Juris-Classeur Civil Art. 1690/1691 nr. 59 f.

[2]) Ebenso *Belgien* (Art. 1691); *Italien* (Art. 1540); *Sowjetrußland* (Art. 124 a. E.); *Chile* (Art. 1905); *Brasilien* (Art. 1071); *Argentinien* (Art. 1468) u. a.

[3]) Nur Art. 1071 *brasil.* cod. civ. stellt von den in der vorigen Anm. zitierten Gesetzen auf die erlangte Kenntnis ab. Doch ist nicht ausgeschlossen, daß darunter nur die auf dem Wege der Notifikation oder Akzeptation vermittelte „Kenntnis" verstanden wird.

[4]) Vgl. Juris-Classeur Civil Art. 1690/1691 nr. 8; zur signification à domicile vgl. Garsonnet et César-Bru, Précis de procédure civile 9. Aufl. nr. 321 ff.

[5]) Ebenso z. B. *Belgien* (Beltjens, Code civil 3. Aufl. Art. 1690 nr. 44), *Italien* (Pacifici-Mazzoni, Diritto civile italiano V, 1, 5. Aufl. no. 124), *Argentinien* (Lafaille, Obligaciones I, no. 370). *Englisches* Statute Law: Odgers-Burrows, Common Law II, 3. Aufl. 132.

[6]) Vgl. Baudry-Lacantinerie et Saignat, De la Vente et de l'Echange 3. Aufl. nr. 771.

seltenen Fällen, wo der Zedent die signification hat vornehmen lassen, ruhig an den benannten Zessionar leisten [1]). In den viel häufigeren Fällen, wo der Zessionar die signification betrieben hat, leistet der Schuldner auf eigene Gefahr, ja, in der Doktrin jener Rechte wurde bis vor kurzem fast nie die Frage erörtert, ob der Schuldner ohne in Verzug zu kommen, berechtigt sei, vom Zessionar einen Nachweis des Rechts zu verlangen; wo ganz vereinzelt die Frage erörtert wurde, gab man dem Schuldner den unpraktischen Rat, dem Zedenten den Streit zu verkünden [2]). Im Anschluß an eine neuere Entscheidung des Kassationshofes [3]) wird von verschiedenen Schriftstellern dem Schuldner einer abgetretenen Forderung ein Leistungsverweigerungsrecht bis zum gehörigen Nachweise der Zessionarseigenschaft des angeblichen Zessionars gegeben [4]). In welcher Form der Schuldner den Nachweis dieser Berechtigung verlangen darf, wird nicht einheitlich entschieden [5]). Auch für das bulgarische Recht meint Raphailoff [6]), es sei klar, daß die von einem dem Schuldner Unbekannten ausgehende mündliche Notifikation ungenügend [7]) sei und daß der Schuldner das Recht habe, je nach Lage des Falls Nachweise über die behauptete Zession zu verlangen.

Nach Art. 108 der Coutume de Paris, dem Vorbild des heutigen Art. 1690, mußte dem Drittschuldenr bei der Notifikation

---

[1]) Huc, De la cession et de la transmission des créances II nr. 330.

[2]) Vgl. Huc a. a. O. und Dalloz, Code Civil Annoté art. 1690 nr. 54.

[3]) Entsch. vom 24. Oktober 1917, Sirey 1918/19, I 193. Ein Angestellter der Stadt Paris hatte sein Gehalt abgetreten; hiervon war der Stadtgemeinde in den Formen des Art. 1690 c. c. Kenntnis gegeben. Trotzdem weigerte sie die Auszahlung, solange nicht die Unterschrift des Zedenten unter der Abtretungsurkunde beglaubigt war. Der Kassationshof hielt die Einrede für berechtigt, erwähnte in der Begründung jedoch nicht den Art. 1690, sondern nur besondere Verwaltungsgesetze.

[4]) Demogue, Revue trimestrielle 19, 365; Wagner, Revue trimestrielle 29, 707 f.; Planiol et Ripert, Traité pratique de droit civil français VII 430 Note 5.

[5]) Demogue a. a. O. gibt dem Schuldner allgemein das Recht, Unterschriftsbeglaubigung zu verlangen.

[6]) De la cession et de la mise en gage de créances non négociables en droit bulgare comparé 31.

[7]) Es wird nicht gesagt, ob sie überhaupt unwirksam sein soll oder nur den Schuldner berechtigt, in seinem eigenen Interesse genaueren Nachweis zu verlangen, während die zitierten französischen Schriftsteller offensichtlich das letztere für richtig halten.

eine Abschrift der Zessionsurkunde übergeben werden. Im heutigen französischen Recht findet sich ein solcher Satz nicht mehr. Auch nur wenige der Tochterrechte kennen etwas ähnliches [1]). Dagegen findet sich zuweilen die Gestaltung, daß dem mit der Notifikation Betrauten durch Vorlegung der Urkunde über die abgetretene Forderung oder der Zessionsurkunde die Tatsache der Abtretung glaubhaft gemacht oder bewiesen werden muß.

Im allgemeinen lassen es die Rechtsordnungen mit Notifikationspflicht ausreichen, daß dem Schuldner der wesentliche Inhalt der Zession, also insbesondere der Name des Zessionars mitgeteilt wird [2]). Auch die Bestimmungen über den Zeitpunkt der Notifikation nehmen auf die Sicherung des Schuldners und sonstiger Interessenten nur wenig Rücksicht.

Nach französischem, italienischem und englischem (Statute) Recht kann die signification beliebig lange Zeit nach der Abtretung geschehen, jedoch darf der Schuldner nicht inzwischen befreit worden sein, desgleichen dürfen nicht sonstige Dritte in der Zwischenzeit dem Recht des Zessionars widersprechende Rechte erworben haben [3]). Sie ist also nicht mehr möglich nach der Konkurseröffnung und auch nicht mehr im Verhältnis zu Gläubigern des Zedenten, der die Forderung gepfändet hat [4]). Das englische Recht verlangt, daß die von sect. 136 Law of Property Act, 1925, geforderte notice das richtige Datum der Zession enthält [5]).

---

[1]) So *Schottland:* Transmission of Moveable *(Scotland)* Property Act, 1862, nach dem eine beglaubigte Abschrift der Zessionsurkunde zuzustellen ist (s. oben S. 96). *Chile,* Art. 1903, *Columbien,* Art. 1961, *Ecuador,* Art. 1894 verlangen, daß bei der Notifikation der Forderungstitel mit einem vom Zedenten unterschriebenen Übertragungsvermerk vorzulegen ist.

[2]) Cour de Cassation 19. VI. 1889, Sirey 1889, 1, 468 und 6. VIII 1894, Sirey 1898, 1, 518. Rouen 27. II. 1885, Sirey 1886, 2, 127 sowie Juris-Classeur Civil Art. 1690/1691 nr. 11 und dort Zitierte. Ebenso *Belgien* und *Italien* vgl. die S. 98 Anm. 5 zitierten Schriftsteller; desgleichen für das *englische* Statute Law: Odgers-Burrows, Common Law, II 3. Aufl. 133.

[3]) Juris-Classeur Civil Art. 1690/1691 nr. 18; Odgers-Burrows, Common Law II 3. Aufl. 133. Das gleiche gilt für *Argentinien:* Art. 1465 cód. civ.

[4]) Laurent, Principes de Droit civil XXIV 3. Aufl. no 492 f. Vgl. aber auch Baudry-Lacantinerie, Précis de Droit civil II 13. Aufl. nr. 902.

[5]) Andernfalls ist sie unwirksam: Stanley v. English Fibres Industries, Lim. L. J. 68 Q. B. 839.

4. Im französischen und belgischen Recht wird zwar betont, daß das Fehlen der vom Gesetz geforderten Förmlichkeiten nicht auf andere Weise ausgeglichen werden könne[1]). Trotzdem wird heute im Gegensatz zu der Zeit vor dem Code civil[2]) sowohl von der französischen wie von der belgischen Judikatur betont, daß jedenfalls im Verhältnis zum Drittschuldner der Übergang der Forderung dann anzunehmen ist, wenn dessen Berufung auf die nicht erfolgte Notifikation betrügerisch sein würde[3]). Was darunter zu verstehen ist, wird nicht ganz klar, manchmal hat es den Anschein, als ob es bereits als fraude angesehen wird, wenn sich der Schuldner auf die nicht gehörig erfolgte Notifikation beruft, obwohl er bestimmte Kenntnis von der Abtretung hat[4]). Ob eine fraude vorliegt, wird zuweilen als eine der Kassation nicht unterliegende Tatfrage angesehen. Bei der Beurteilung der nicht auf dem Wege des Art. 1690 c. c. vermittelten Kenntnis ist zu beachten, daß ihre Wirkung keinesfalls derjenigen gleicht, die bei vorschriftsmäßiger signification erzielt wird: nie kann eine allen Dritten gegenüber eintretende Wirksamkeit erzielt werden. Es kann sich immer nur darum handeln, daß der Schuldner oder ein anderer Dritter, dem der Vorwurf der fraude gemacht werden kann, so behandelt wird, als sei ihm die Abtretung ordnungsmäßig notifiziert worden[5 6]).

---

1) Z. B. die Note: Pandectes françaises 1911, 4, 7 f.

2) Vgl. Wahl, Sirey 1898, 1, 113 ff. Note.

3) Vgl. Wahl a. a. O. — Daß die gewöhnliche Kenntnis nicht ausreicht, vielmehr Kollusion zwischen Zedent und Schuldner oder grobes Verschulden des letzteren gefordert wird, um ihm gegenüber die Notifikationswirkungen zu erreichen, sagt ausdrücklich das *argentinische* (Art. 1461 und 1462 cód. civ.) und das Gesetz von *Costa Rica* (Art. 1105 cód. civ.).

4) Für den Fall einer nicht in den Formen des Art. 1690 c. c. geschehenen Anerkennung gegenüber dem Zessionar vgl. Cour de Cassation Dalloz 1878, 1, 275.

5) Franz. Kassationshof: Dalloz 1874, 1, 281, Sirey 1898, 1, 113. Belg. Kassationshof: Pandectes françaises 1911, 4, 7 und Thiry, Cours de droit civil III, 630 f. Aus der französischen Literatur vgl. vor allem Planiol et Ripert, Traité Pratique de Droit Civil Français VII, nr. 1122, sowie Huc a. a. O. nr. 348 ff. und Laurent, Principes de droit civil 3. Aufl. Bd. 24 nr. 488.

6) Ähnlich anscheinend auch das *schottische* Recht, das in diesem Punkte nicht ganz klar ist, vgl. Gloag and Henderson, Introduction to the Law of Scotland 398 sowie die in Note 29 Zitierten.

In Italien ist die Wirkung einer nicht formgemäß vermittelten Kenntnis gegenüber dem Schuldner bestritten [1]).

VI. Eine für die Rechte mit und ohne Notifikationspflicht gleich interessante Frage berührt die Entscheidung eines dänischen Gerichts vom 1. April 1931 [2]). Eine dänische Firma erhielt von einer deutschen Großbank einen Brief in deutscher Sprache, in dem ihr mitgeteilt wurde, daß die Bank eine Forderung gegen sie durch Abtretung erworben habe. Der Inhaber der Firma, der kein Deutsch verstand, zahlte an den ursprünglichen Gläubiger. Die Klage der Bank gegen ihn hatte Erfolg. Jeder Geschäftsmann müsse sich Kenntnis über den Inhalt eines in fremder Sprache abgefaßten Geschäftsbriefs verschaffen. Diese Entscheidung ist in Anwendung dänischen Rechts ergangen, nach dem, wie wir sahen (S. 95 Anm. 5), nur der in nichtfahrlässiger Unkenntnis leistende Schuldner befreit wird. Es erscheint einleuchtend, einem Kaufmann die Pflicht aufzuerlegen, sich über den Inhalt von Geschäftsbriefen, die in einer der großen Verkehrssprachen geschrieben sind, Gewißheit zu verschaffen.

Wie ist die entsprechende Frage aber für die Rechte zu beantworten, die wie das deutsche Recht nur bei Kenntnis des Schuldners diesem die Möglichkeit zu schuldbefreiender Leistung an den Zedenten nehmen und wie bei Rechten, die wie das französische überhaupt erst mit der Notifikation die Forderung auf den Zessionar übergehen lassen [3])? Für die nichtdeutschen, insbesondere die romanischen Rechte wage ich keine Voraussage, dagegen ist nach deutschem Recht m. E. die gleiche Entscheidung richtig, wie sie das dänische Gericht für das dänische Recht gefällt hat. Wir sahen oben, daß die deutsche Rechtsprechung den Begriff der Kenntnis erheblich ausgeweitet hat und Kenntnis auch da annimmt, wo der Schuldner an der Richtigkeit einer ihm gewordenen Mitteilung „unvernünftige“ Zweifel hegt. Dem Schuldner wird ausdrücklich für die Fälle einer prima facie zuverlässigen Mitteilung eine Nachforschungs-

---

[1]) Pacifici-Mazzoni, Diritto civile italiano V 1, 4. Aufl. 415.

[2]) Östl. Landgericht: Jur. Tidsskrift 1931, 82.

[3]) Für die Abtretung nach *englischem* Statute Law ist entschieden (Hockley v. Goldstein 90 L. J. K. B. 111), daß auch einem des Lesens Unkundigen die notice nur schriftlich gegeben werden kann. Für unsere Probleme scheinen mir aus dieser Entscheidung keine Schlüsse gezogen werden zu können.

pflicht auferlegt, m. a. W. die benachrichtigende Zessionspartei tut genug, wenn sie eine nach der Verkehrsauffassung ausreichende Benachrichtigung an den Schuldner sendet. Ich glaube, daß beispielsweise eine in deutscher Sprache verfaßte Mitteilung gegenüber in Deutschland Ansässigen, die des Deutschen unkundig sind, stets ausreicht und daß im Handelsverkehr mit solchen Staaten, in denen das Deutsche eine der im kaufmännischen Verkehr benutzten Sprachen ist, derjenige, der sich unter den genannten Umständen am öffentlichen Verkehr beteiligt, sich so behandeln lassen muß, als ob er die empfangene Mitteilung in der verkehrsüblichen Sprache verstanden hätte.

Anhang.

A. In der Praxis verwandte Formulare für die Sicherungsabtretung.

a) England.[1])

To Lloyds' Bank, Limited.

(Llandrindod Wells Branch.)

In consideration of your continuing a banking account with me, the undersigned, and by way of continuing security to you for all moneys due or to become due to you from me alone, or jointly with others, either on the said account or otherwise, I hereby assign to you all moneys due, or to become due, to me from the Pump House Hotel Company, Limited, of Llandrindod Wells, under or by virtue of a certain contract dated November lst, 1899, and made between the said company of the one part and myself of the other part (being a contract for completion of the new pump-room and for making certain alterations and additions to the Pump House Hotel, Llandrindod Wells), and all other moneys, if any, due, or to become due, to me from the said company, including all moneys due, or to become due, for extras in connection with the works contemplated by the said contract: and I hereby empower you, on my behalf, and in my name, to settle and adjust all accounts in connection with the works and matters aforesaid, to give effectual receipts for the moneys hereby assigned, which shall discharge the person paying the same from being concerned to see to the application thereof; also, if necessary, to sue for, or take such other steps as you may think necessary for enforcing payment of the moneys hereby assigned, or any part thereof, and to compromise and settle any such proceedings on such terms as you may think fit, it being understood that all costs and expenses of recovering the moneys hereby assigned are to be paid out of the amount recovered; and I hereby undertake at your request and my cost to do and execute all such further acts, deeds, and things as you may reasonable require for giving full effect to the security hereby created.

(signed) William Hughes.

---

[1]) Die in dem hier abgedruckten Formular enthaltene Sicherungsabtretung wurde von der Court of Appeal in Hughes v. Pump House Hotel Comp. (1902) 2 K. B. 190 als gültiges absolute assignment nach Statute Law angesehen.

b) Niederlande.

Akte
van
Cessie van Vorderingen.

De ondergeteekenden

1 e, de

Bank gevestigd te Amsterdam, in deze akte verder aan te duiden als „de Bank“ ondergeteekende ter eene zijde

en

2 e,

ondergeteekende ter andere zijde,

in aanmerking nemende:

dat de Bank aan de ondergeteekende ter andere zijde crediet geeft en dat deze aan de Bank dekking wil verschaffen door middel van incasso-papier en cessie van daaraan ten grondslag liggende vorderingen,

komen overeen als volgt:

Artikel 1.

De ondergeteekende ter andere zijde verbindt zich incassopapier uitsluitend aan de Bank te geven en aan de Bank over te dragen alle vorderingen, die aan dit incassopapier ten grondslag liggen, waartegenover de Bank aan de ondergeteekende ter andere zijde tot een door de Bank te bepalen bedrag crediet geeft.

Artikel 2.

De ondergeteekende ter andere zijde zal bij iedere toezending van incassopapier aan ondergeteekende ter eene zijde tegelijkertijd bij brief de vorderingen, aan dit incasso-papier ten grondslag liggende, overdragen, welke overdracht de ondergeteekende ter eene zijde zal geacht worden te hebben aangenomen door de in ontvangstneming van het incasso-papier.

Artikel 3.

De Bank zal de ondergeteekende ter andere zijde in rekening courant crediteeren voor gelijke bedragen als aan de

Bank op de aan haar gecedeerde vorderingen zijn betaald, verminderd met de incassokosten.

Aldus in tweevoud gedaan en geteekend te

den......

Aan de Bank, Amsterdam

Mijne Heeren,

In aansluiting aan de tusschen U en ons bestaande overeenkomst tot cessie van vorderingen, zenden wij U hierbij het hieronder nader gespecificeerd incasso-papier. Waarvan ik afrekening na betaling gaarne tegemoet zie. De vorderingen daaran ten grondslag liggende, worden hierbij door mij aan U gecedeerd en in vollen eigendom overdragen.

Hoogachtend

c) Österreich.

Die folgenden Formulare werden von einer großen österreichischen Bank bei der Sicherungsabtretung von Forderungen verwendet.

Die Fassung der übersandten Formulare ist nach der Entscheidung des Obersten Gerichtshofes vom 15. Januar 1929 (oben S. 72) erfolgt, deren Rechtssätze in ihr berücksichtigt wurden. Zum Verständnis der Beilagen diene folgendes.

In Österreich sind alle Urkunden aus Rechtsgeschäften gebührenpflichtig. Die Gebühr bei Zessionen beträgt 1—2% des Entgeltes. In dem österreichischen Gebührengesetz ist jedoch die Errichtung eines sog. Gedenkprotokolles, wie es Anlage B zeigt, ausdrücklich vorgesehen. Unter Gedenkprotokollen werden Niederschriften verstanden, in welchen von einer oder von mehreren Personen bekundet wird, daß andere Personen in ihrer Gegenwart ein Rechtsgeschäft geschlossen oder ihnen über den erfolgten Abschluß eines Rechtsgeschäfts Mitteilung gemacht haben. Solche Gedenkprotokolle sind nicht gebührenpflichtig. Reicht jedoch der Zeugenbeweis durch die Aussteller des Gedenkprotokolls nicht aus und wird das Protokoll dem Gericht vorgelegt, so wird das Protokoll hinsichtlich der Begründung der Gebührenpflicht einer Rechtsurkunde über das im Gedenkprotokoll erwähnte Rechtsgeschäft gleichgeachtet.

....

Wien.

Wir verpflichten uns, zur Sicherstellung aller Forderungen, welche Ihnen aus welchem Titel immer gegen uns derzeit zustehen, oder künftighin erwachsen werden, samt allen sich ergebenden Zinsen und wie immer Namen habenden Nebengebühren, Ihnen von unseren offenen Buchforderungen aus Warengeschäften mindestens

....

bzw. im Gegenwerte in stabiler Währung zu zedieren.

Wir werden Ihnen über Aufforderung die zu zedierenden Forderungen vorbehaltlos abtreten und Ihnen eine Konsignation über die erwähnten Forderungen übergeben. Sie behalten sich das Recht vor, die Übernahme einzelner Forderungen ohne Angaben von Gründen abzulehnen.

Wir verpflichten uns, die durchgeführte Zession in unseren Büchern in Vormerkung zu nehmen und Sie sind jederzeit berechtigt, sich von der Durchführung dieser Vormerkungen durch Einsichtnahme in unsere Bücher zu überzeugen.

Es steht Ihnen frei, die Drittschuldner jederzeit von der Zession zu verständigen.

Wir werden auf den Fakturen den Vermerk anbringen, daß die Zahlungen auf Grund dieser Fakturen an Sie zu leisten sind.

Sollten auf die Ihnen zedierten Forderungen Beträge direkt bei uns einlangen, so bilden dieselben ein uns anvertrautes Gut und wir haben Ihnen dieselben unter Ausschluß jeder Kompensation unverzüglich anzuschaffen oder Ihnen, falls Sie sich damit einverstanden erklären, andere offene Buchforderungen in zumindest der gleichen Höhe und Sicherheit zu zedieren.

Wir werden Ihnen sowohl für die Richtigkeit als auch für die Einbringlichkeit der zu zedierenden Forderungen haften. Naturgemäß werden alle Rechte, welche uns aus den Rechtsgeschäften, die den Ihnen zu zedierenden Forderungen zugrunde liegen, zustehen oder künftighin erwachsen (Eigentumsvorbehalt, Ansprüche auf Retourware etc.) zugleich mit der Forderung auf Sie übergehen. Sollten für die Ihnen zu zedierenden Forderungen Sicherheiten, wie Pfandrecht, Bürgschaft usw. oder Deckungsakzepte (Rimessen) bestehen oder später bestellt werden, so werden dieselben gleichfalls auf Sie übergehen und wir verpflichten uns, erforderlichenfalls alle Maßnahmen zu ergreifen, um dieselben rechtswirksam auf Sie zu übertragen.

Wir verzichten ausdrücklich darauf, aus den in den §§ 1397, 1398 und 1399 a.b.G.B. bezeichneten Umständen gegen Sie eine Einrede oder einen Schadensersatzanspruch zu erheben, insbesondere deswegen, weil sie dem Drittschuldner gestundet oder weil Sie Exekution gegen denselben geführt oder dieselbe unterlassen haben.

Wir verpflichten uns, Ihnen in Ansehung der zedierten Buchforderungen Vertretung gegen den Buchschuldner zu leisten und uns über Ihr Verlangen dem bezüglichen Rechtsstreite als Nebenintervenienten anzuschließen, sowie alle erforderlichen Prozeßbehelfe herbeizuschaffen, wenn Sie zur Einklagung des Buchschuldners schreiten sollten.

Wir verpflichteten uns, Ihnen über Ihr Verlangen jede gewünschte Aufklärung zu erteilen, ferner einfache oder beglaubigte Buchauszüge anzufertigen, sowie Ihnen eine einfache oder beglaubigte Bestätigung über die erfolgte Zession auszustellen.

Alle wegen der Zession etwa zu entrichtenden Stempel und Gebühren samt allfälligen sonstigen Anforderungen der Gebührenbehörde werden wir aus eigenem zu tragen bezw. Ihnen zu ersetzen haben. Ebenso werden wir Ihnen die bei Geltendmachung der Buchforderungen sowie zur Sicherstellung Ihrer Rechte gegen wen immer erwachsenden Kosten und Gebühren zu vergüten haben.

Wien, am ....

...., am .... 19......

Gedenkprotokoll.

Von den gefertigten Zeugen, den Herren

....

erscheint Herr (erscheinen die Herren)

....

als Vertretungsbefugte(r)..

der Firma ....

und die Herren ....

als kollektiv vertretungsbefugte Funktionäre der (Bank).....

Herr (Die Herren) ....

tritt (treten) namens der von ihm (ihnen) vertretenen Firma .... auf Grund und im Sinne der im Briefe vom .... (= Beilage A) ... übernommenen Verpflichtungen die in der beiliegenden, einen integrierenden Bestandteil dieses Protokolls bildenden Konsignation enthaltenen offenen Buchforderungen, welche zusammen den Betrag von

....

ausmachen, der ..... (Bank) .... vorbehaltlos ab.

Die vorgenannten Funktionäre der .... (Bank) ... erklären diese Zession anzunehmen.

Vorstehendes Protokoll wurde zur Unterstützung des Gedächtnisses von den unterfertigten Zeugen verfaßt und gefertigt.

Konsignation

(getrennt nach Währungen)

über die seitens der Firma .... an die (Bank) laut Gedenkprotokoll vom .... sicherstellungsweise abgetretenen Buchforderungen.

Betrag in Original-währung	Fälligkeit	Firma	Adresse Land, Ort, Bezirk, Straße, Nr.	Faktura vom	Zahlungs-bedingungen

An die

.... (Bank)

in ....

Wir bestätigen, von den Herren .... (Zeugen — die das Protokoll unterfertigt haben) ... nachstehendes Schreiben erhalten zu haben:

................................., am .... 19 ....

Gedenkprotokoll.

Von den gefertigten Zeugen, den Herren

....

erscheint Herr (erscheinen Herren)

als Vertretungsbefugte(r) ....

der Firma ....

und die Herren ....

als kollektiv vertretungsbefugte Funktionäre der .... Bank.

Herr (Die Herren) ....

tritt (treten) namens der von ihm (ihnen) vertretenen Firma

.... auf Grund und im Sinne

der im Briefe vom .... (Beilage A) .... übernommenen Verpflichtungen, die in der beiliegenden, einen integrierenden Bestandteil dieses Protokolls bildenden Konsignation enthaltenen offenen Buchforderungen, welche zusammen den Betrag von

....

ausmachen, der ... (Bank) vorbehaltlos ab.

Die vorgenannten Funktionäre der ..... (Bank) erklären diese Zession anzunehmen.

Vorstehendes Protokoll wurde zur Unterstützung des Gedächtnisses von den unterfertigten Zeugen verfaßt und gefertigt.

......................................, am .... 19 .....

Wir zeichnen

hochachtungsvoll

(NB. Von der Zedentin an die Bank [Credit-Anstalt] abzurichtendes Schreiben).

d) Die Sicherungsabtretung in der schweizerischen Bankpraxis.

Durch die besondere Güte des Herrn Dr. Henrici von der Baseler Handelskammer, der eine Art schriftlicher Enquête veranstaltete, war es dem Institut möglich, zahlreiche Formulare schweizerischer Banken und Treuhandinstitute über die Sicherungsabtretung einzusehen. Ihre unmittelbare Weitergabe verbietet sich ebenso, wie die Nennung der in Betracht kommenden Institute. In der folgenden Übersicht sollen diejenigen der in der Schweiz üblichen Bedingungen dargestellt werden, die für Vergleiche mit der deutschen Praxis am bedeutsamsten sind.

I. Allgemeines. Verbreitung der Sicherungsabtretung in der Schweiz.

Aus den einzelnen Übersendungsschreiben der verschiedenen Institute ist zu entnehmen, daß die Sicherungsabtretung von Forderungen zu Kreditzwecken in der Schweiz bisher nicht in gleichem Umfange üblich ist, wie in Deutschland. Unrichtig ist aber die gelegentlich auftretende Meinung, daß die sog. Sicherungsabtretung, wie solche in Deutschland üblich ist, in der Schweiz nicht zu finden sei. Die wesentlichen Gestaltungen der deutschen Sicherungsabtretung finden sich auch in der Schweizer Praxis wieder, aber derzeit in beschränkter Verwendung. So wird denn auch in den Antworten verschiedener schweizerischer Großbanken festgestellt, daß die Zession von Buchforderungen in der Schweiz im allgemeinen erst in beschränktem Umfange üblich ist. Eine andere Großbank teilte mit, daß sie es im allgemeinen vermeide, Kredite auf bloße Buchforderungen hin einzuräumen (im Gegensatz zu der sogleich zu erwähnenden Abtretung bei der Wechseldiskontierung). Aus der Mitteilung eines St. Gallener Industrieverbandes entnehmen wir, daß dort die Sicherungsabtretung immerhin bereits derart verbreitet ist, daß vor etwa zwei Jahren die dortigen Banken gemeinsam ein den Geschäften zugrunde zu legendes Formular vereinbart haben. Für die nicht unbedeutende Verbreitung spricht auch, daß eine namentlich von Handel und Industrie geführte Abwehrbewegung gegen das Umsichgreifen der Sicherungszession zu verspüren ist. So berichtet ein St. Gallener Industrieverein in seinem Jahresbericht 1929/30 von dem Antrag eines seiner Mitglieder, zwecks Sanierung der Kreditverhältnisse das

Sicherungszessionssystem abzuschaffen. Trotz vieler Verhandlungen mit den Banken muß der Industrieverein schließlich feststellen, daß die Bemühungen, das als verderblich erkannte System abzuschaffen, von keinem unmittelbarem Erfolg begleitet gewesen seien. Die dem System gemachten Vorwürfe gehen namentlich dahin, daß die Sicherungsabtretung im allgemeinen nur von bereits nicht mehr wirtschaftlich gesunden Kaufleuten vorgenommen werde, die sich dadurch eine kurze Zeitlang über Wasser zu halten versuchen. Die hohen Zinssätze führten weiter dazu, den Schuldner zu häufigem Umsatz zu zwingen, den er durch Preisunterbietung zu erzielen trachtet. Aus dem Bericht ist zu entnehmen, daß diese Form der Krediterteilung sogar zur sog. Order-Bevorschussung geführt hat, bei der die Bank schon auf eingegangene Aufträge einen bestimmten Kredit erteilt. Als üblicher Betrag, bis zu dem auf Forderungen Deckung gegeben wird, wurden einmal 50—100, ein zweites Mal 80, ein drittes Mal 85% des Nennwertes genannt.

Eine besonders eingehende Ausgestaltung hat die Sicherungsübereignung in der Praxis von Treuhandgesellschaften gefunden, wo unter anderem auch der Fall vorgesehen ist, daß der Kaufpreis für zur Sicherung übereignete Rohstoffe an den Sicherungsnehmer abgetreten wird.

In dem Schreiben eines Richters des schweizerischen Bundesgerichts wird die Sicherungsabtretung erwähnt, ohne daß irgend ein rechtliches Bedenken gegen ihre Zulässigkeit erhoben wird.

II. Abtretung der Wechseln zugrunde liegenden Forderungen.

Die häufigste Form der Verwendung von Forderungen zu Kreditzwecken ist die oben schon erwähnte Abtretung der diskontierten Wechseln zugrunde liegenden Forderungen. Diese geschieht, wie die uns vorliegenden Formulare ergeben, fast wörtlich übereinstimmend bei den verschiedenen Kreditinstituten. Zusammen mit den zur Diskontierung übergebenen Wechseln zediert der Kreditnehmer sämtliche Forderungen, die den einzelnen aufgeführten Wechseln zugrunde liegen und übernimmt dabei die Haftung für Verität und Bonität. Bei dieser Abtretung ist, wie uns ein Gläubigerverband mitteilt, die Benachrichtigung des Drittschuldners im Normalfalle nicht üblich, sondern geschieht erst kurz vor dem Zusammenbruch des Kreditnehmers. In den Formularen selbst wird über die Benachrichtigung des Drittschuldners nie etwas erwähnt. Diese Art der Abtretung scheint gleichmäßig weit verbreitet zu sein. Auch die oben erwähnte Großbank, die es vermeidet, Kredite auf bloße Buchforderungen einzuräumen, pflegt dieses Geschäft. Im folgenden wird diese Form der Forderungsverwertung nicht mehr berücksichtigt, sondern nur solche Formulare behandelt, bei denen Forderungen, über die kein Wechsel besteht, zur Sicherungsabtretung verwandt werden.

III. Verwendung von Formularen.

Oben wurde schon erwähnt, daß die St. Gallener Banken vor einigen Jahren ein gemeinsames Formular für die Sicherungsabtretung geschaffen haben. Allgemein üblich ist die Verwendung stets gleicher Formulare nicht. Mehrere Banken teilten mit, daß sie den Abtretungsvertrag von Fall zu Fall entwerfen, andere haben jedenfalls ein üblicherweise zugrunde liegendes Schema.

IV. Erwähnung des Sicherungszweckes.

Auffallend ist, daß die Abschriften von Verträgen über Sicherungszessionen, die uns vorlagen, häufig den Sicherungszweck nicht erwähnten. Es fehlt sowohl das Wort „Sicherung" als auch eine Bestimmung über die Rückübertragung nach Abdeckung des Kredites. Andere Abtretungsformulare sprechen allerdings davon, daß die Abtretung geschehe zur Sicherstellung des gegebenen Kredites, sowie aller gegenwärtigen und zukünftigen Verpflichtungen des Zedenten.

V. Spezifikation der abgetretenen Forderungen.

Im allgemeinen enthalten die Formulare ein genaues Verzeichnis der abgetretenen Forderungen mit Angabe der Adresse des Zessionars, des Betrages, der Fälligkeit und eventuell auch der Art.

Aus der Mitteilung eines Gläubigerverbandes ist zu entnehmen, daß die Meinung verbreitet ist, die Kundenguthaben könnten nicht insgesamt abgetreten werden, sondern es müsse jedes Guthaben einzeln mit Angabe der Adresse des Schuldners und genauer Bezeichnung der Forderung abgetreten werden. Doch finden sich auch (so bei einer Berner Bank) Kreditverträge, in denen abgesehen von bestimmt bezeichneten Forderungen „alle gegenwärtigen und zukünftigen Kundenguthaben der gläubigerischen Bank verpfändet und abgetreten" werden (bei sich vereinzelt findender Verpfändung von Forderungen „gemäß §§ 899 ff. Z. G. B." ist zu beachten, daß zur Gültigkeit der Verpfändung die Benachrichtigung des Drittschuldners nicht notwendig ist; § 900, Abs. 2).

Solange ein Zessionskredit läuft, hat der Zessionar entweder von Fall zu Fall der kreditgebenden Bank die Forderung abzutreten, oder dies geschieht allmonatlich durch die Übersendung eines Verzeichnisses.

VI. Benachrichtigung des Drittschuldners.

Die Notifikation der Zession an den Drittschuldner, die nach schweizerischem Recht nicht zur Gültigkeit der Zession erforderlich ist, wird von der Praxis nicht einheitlich gehandhabt. Es gibt Bankinstitute, die mitteilen, daß sie regelmäßig die Abtretung dem Drittschuldner notifizieren. In manchen Formularen übernimmt der Sicherungsgeber die Verpflichtung, selbst den Drittschuldner von der Abtretung in Kenntnis zu setzen. Verschiedentlich wird auch in den Formularen nur von der Berechtigung der Bank gesprochen, dem Drittschuldner von der Abtretung Nachricht zu geben. Auch weist die meist getroffene Regelung des Falles, daß der Schuldner unmittelbar an den Kreditnehmer zahlt, darauf hin, daß die Notifikation nicht immer stattfindet. Ein Treuhandinstitut, das sehr eingehend ausgearbeitete Geschäftsbedingungen für die Sicherungsabtretung hat, sieht in einem seiner Schemata vor, daß die Anzeige an den Drittschuldner „im freien Ermessen des Kreditors" „nach vorheriger Rücksprache mit dem Debitor" erfolgt. Nach der Darstellung eines Gläubigerverbandes ist der stillschweigende Verzicht auf die Notifikation sogar gewöhnlich. Diese erfolge erst kurz vor dem Konkurse. Großbanken teilten mit, daß sie hin und wieder, bezw. „bei guten alten Kunden" widerruflich auf die Notifikation verzichteten. Andere Großbanken gehen noch weiter: „von Ausnahmefällen abgesehen (Zahlungseinstellung des Debitors) wird eine Notifizierung der abgetretenen Forderungen meist nur im Einverständnis mit dem Klienten vorgenommen". Die Bank, die diese Mitteilung machte, verlangt aber vom Schuldner, daß er auf seinen Rechnungen den Vermerk anbringt „zahlbar auf mein Konto bei der ... Bank". Eine andere Großbank schreibt direkt in den Zessionsvertrag hinein „von einer Benachrichtigung der Debitoren wird Umgang genommen, solange keine Störungen im Verkehr mit ... (Bank) eintreten". Auf den Fakturen wird jedoch vermerkt, „daß die Zahlungen für Rechnung der ... (Schuldnerin) bei der ... (Bank) zu leisten sind. Die ... (Bank) ermächtigt die ... (Schuldnerin) über die auf Rechnung der zedierten Forderungen eingehenden Beträge wieder zu verfügen, gegen Ersatz der bezahlten Forderungen durch neue". Ähnlich geht eine Treuhandgesellschaft vor: „Solange der Debitor seinen Verpflichtungen gegenüber dem Kreditor laut Darlehensvertrag regelmäßig nachkommt, wird der Treuhänder die Drittschuldner von der Abtretung nicht benachrichtigen. Diese Benachrichtigung hat dagegen zu erfolgen, wenn der Debitor seinen Verpflichtungen nicht regelmäßig nachkommt oder wenn sonstige Gefahr vorliegen sollte, daß die Unterlassung der Anzeigen den Sicherungszweck vereiteln könnte". Auch wenn sich nicht eine ausdrückliche Vorschrift in dem Vertrag befindet, scheint die Praxis in der Mehrzahl der Fälle ebenso zu sein. Diesem Zweck dient die weitverbreitete Übergabe formularmäßiger Notifikationen durch den Kreditnehmer an die Bank, die diese im Bedarfsfalle versendet. Eine Treuhandgesellschaft verlangt, abgesehen von der Übergabe des Notifikationsschreibens, daß der Schuldner die abgetretenen Forderungen in der Buchhaltung besonders ausscheidet und kennzeichnet.

VII. Haftung des Zedenten.

Fast alle Verträge über Sicherungszessionen enthalten Bestimmungen über die Haftung des Zedenten für Verität und Bonität. Meist heißt es, daß volle Garantie für Bestand und Eingang übernommen wird, manchmal verpflichtet sich der Zedent auch „als Bürge" oder als „Solidarschuldner" zu haften.

VIII. Verschiedenes.

Von den übrigen in Zessionsverträgen vorkommenden Bedingungen seien folgende erwähnt: Wichtig ist die verschiedentlich dem Zessionar gegebene Befugnis, entweder jederzeit oder bei Konkurseröffnung u. ä. die Rückgängigmachung der Zession zu verlangen. Dabei ist dann nach einem Vertrage der Zedent verpflichtet, seine gesamte Schuld bei der Bank abzudecken. Zuweilen ist bestimmt, daß der Zedent die Kosten für die gerichtliche oder auch außergerichtliche Geltendmachung der Forderung zu tragen hat. Der Zedent ist ferner meist verpflichtet, unverzüglich alle ihm möglichen Informationen über die Vermögenslage des Schuldners und die Sicherheit der Forderung zu geben. In einem Vertrag wird ausdrücklich bestimmt, daß der Zessionar zwar „berechtigt aber nicht verpflichtet ist, geeignete Vorkehrungen zu treffen und alle ihm notwendig scheinenden Rechtshandlungen vorzunehmen". Das gleiche Formular sieht auch vor, daß der Zedent zur Nachdeckung verpflichtet ist, falls der Zessionar „aus irgend einem Grunde die geleisteten Garantien als ungenügend erachten sollte". Kommt der Zedent einer entsprechenden Aufforderung nicht unverzüglich nach, so werden alle Forderungen gegenüber dem Zessionar ohne weiteres fällig. In den Formularen der Treuhandgesellschaften ist die Berechtigung des Zessionars zur jederzeitigem Bucheinsicht vorgesehen. In einzelnen Formularen wird für alle Streitigkeiten die Geltung schweizerischen Rechts vereinbart. Einmal ist dies so ausgedrückt: „Für die vorliegende Abtretung macht schweizerisches Recht Regel". Die Bedenken gegen die unbeschränkte Gültigkeit einer solchen Abrede liegen nahe.

Auch Gerichtsstandsvereinbarungen sind in den Formularen enthalten, wobei der Zessionarin dann freigestellt wird, auch anderswo als bei dem vereinbarten Gerichtsstand Recht zu nehmen.

Aus einigen bisher behandelten Vertragsklauseln ergab sich bereits, daß auch der laufende Austausch der zur Sicherung gegebenen Forderungen gegen andere in der Schweiz verbreitet ist. Dies bestätigen die Auskünfte von Banken, Gläubigerverbänden und Treuhandgesellschaften. Als Beispiel einer derartigen Abrede sei aus der oben bereits einmal zitierten Darstellung der Geschäftspraxis einer Treuhandgesellschaft folgender Absatz zitiert: „Der Debitor ist verpflichtet, die Beträge, welche auf Grund der abgetretenen Forderungen bei ihm eingehen, sofort nach Eingang an den Kreditor zu überweisen, oder wenn er nicht beabsichtigt, diese Überweisung vorzunehmen, mindestens 8 Tage vor Verfall der Rechnung dem Treuhänder weitere Forderungen in entsprechender Höhe abzutreten gegen Rückübertragung der zur Bezahlung fälligen Forderungen, sodaß der Betrag der abgetretenen Forderungen, solange der Kredit nicht durch Rückzahlung vermindert ist, immer auf der ursprünglichen Höhe bleibt." In den darauf folgenden Sätzen werden Vorschriften darüber gegeben, welcher Art die zum Tausch abgetretenen Forderungen sein dürfen (nur unbestrittene gegen solvente Kunden). Der Treuhänder hat ein Ablehnungsrecht. Es liegt uns aber auch ein Zessionsvertrag einer Großbank vor, der über die Ersatzforderungen und die Ablehnungsbefugnis des Zessionars nichts ausdrücklich bestimmt. Bei derartigen Tauschzessionen ist die monatliche Übersendung eines Verzeichnisses der abzutretenden Forderungen üblich.

e) Tschechoslowakei.

Finanzierung des Listengeschäftes.

Eine Prager Bank teilte folgendes mit:

„Nach Abschluß eines Finanzierungs-Abkommens mit unserem Kunden erfolgt die Abwicklung der Transaktionen in folgender Weise:

1. Als Listengeschäft bezeichnen wir jene Finanzierungen, bei denen der Verkaufspreis des einzelnen Gegenstandes zu gering ist, als daß sich die einzelnen Monatsraten für eine Bewechslung eignen würden, im allgemeinen daher Gegenstände unter einem Verkaufswert von Kc. 25.000.—; die Dauer des Teilzahlungs-Kredites darf 18 Monate nicht überschreiten.

2. Unser Kunde reicht uns Aufstellungen über seine zu finanzierenden Teilzahlungsgeschäfte ein. Die Formularien für diese Aufstellungen stellen wir unserem Kunden jederzeit zur Verfügung.

3. Diese Formularien enthalten folgende Rubriken: Verkaufsdatum, Name des Käufers, Gegenstand, Verkaufspreis, Anzahlung, Restzahlung, sowie Rubriken für die einzelnen Ratenbeträge.

4. Der Verkäufer muß in jedem einzelnen Falle eine Anzahlung von mindestens 10% von dem Käufer erhalten haben.

5. Auskünfte über die Käufer sind im allgemeinen nicht vorzulegen; wir begnügen uns in der Regel mit einer Erklärung unseres Kunden, daß er sich in der in seiner Branche üblichen Art über den Käufer erkundigt hat und daß er den Käufer für den gestundeten Betrag für gut erachtet.

6. Mit der Übergabe der Liste hat uns der Kunde auch die Bestellscheine, die die Eigentumsvorbehalts- und Terminsverlustklauseln enthalten müssen, sowie die Lieferungsbestätigungen zu übergeben, ferner hat er uns die Erklärung abzugeben, daß er uns die Rechte aus dem durch uns finanzierten Verkaufe abtritt, sowie, daß er seine Abnehmer anweist, die Monatsraten ausschließlich auf Grund unserer, ihm zur Verfügung gestellten Erlagscheine einzuzahlen. Wir verlangen auch eine Bestätigung unseres Kunden, daß seine Agenten und Vertreter nicht berechtigt sind, Inkassi von Ratenbeträgen vorzunehmen. Mit der Einreichung der Listen sind uns Benachrichtigungsschreiben an alle in den Listen angeführten Abnehmer zu übergeben, in denen unser Kunde die Käufer von der Zession seiner Rechte

an uns verständigt. Wir nehmen diese Benachrichtigungsschreiben lediglich ins Depot und machen von ihnen erst dann Gebrauch, wenn sich die Abwicklung des Finanzierungsgeschäftes nicht vertragsmäßig vollziehen sollte.

7. Wir prüfen und zensurieren die uns übergebenen Listen und haben das Recht, die uns vorgelegten Verkäufe ganz oder teilweise von der Finanzierung auszuschließen.

8. Längstens 5 Tage nach Erhalt der Listen teilen wir unserem Kunden mit, ob wir die uns mitgeteilten Verkäufe finanzieren.

9. Wir bevorschussen unserem Kunden die uns zedierten Monatssummen der Raten je nach Vereinbarung und nach der Kategorie der Waren mit 70—85% und stellen das uns zu übergebende Akzept des Kunden anfangs desjenigen Monats fällig, der auf jenen folgt, dessen Ratenbeträge die Grundlage für das einzelne Akzept gebildet haben."

Abschrift.

.... am .... 19 .....

An die

C. Bank.

Für die Ihnen aus dem mir (uns) eingeräumten Kredite gegen mich (uns) zustehenden und entstehenden Forderungen, mögen dieselben Wechsel-, Kontokorrent- oder Forderungen welcher Art immer sein, zediere(n) ich (wir) Ihnen zahlungshalber nachstehende mir (uns) zustehende Forderung(en):

gegen:	aus der Faktura vom:	fällig am:
....		Kc. .... h.
....		Kc. .... h.
....		Kc. .... h.
	zusammen	Kc. .... h.

Die vorangeführten Fakturen habe(n) ich (wir) mit der Klausel versehen: „Zediert an die C. Bank ...." dem Schuldner übergeben und Sie haben die Forderung demnach bei Fälligkeit einzuziehen und den Eingang mir (uns) gutzuschreiben.

Ich (Wir) verpflichte(n) mich (uns) in meinen (unseren) Büchern bei allen Ihnen zedierten Posten den Vermerk: Zediert an die C. Bank .... (mit Tinte oder Stampiglie) hinzuzufügen.

Die Art der Verrechnung ist Ihnen vorbehalten.

Soferne die Forderung zur Zeit der Fälligkeit an Sie nicht oder nicht vollständig eingezahlt wird, haben Sie das Recht, entweder die Forderung, bezw. den nicht gezahlten Teil derselben auf meine (unsere) Gefahr und Kosten gegen den Schuldner im Klageweg geltend zu machen oder die Forderung an mich (uns) zurückzuzedieren.

Das zwischen uns bestehende ursprüngliche Rechtsverhältnis wird durch die Zession nicht umgeändert, da dieselbe nur zahlungshalber erfolgt.

Ich (Wir) ermächtige(n) Sie, von der Forderungsabtretung den (die) Schuldner zu verständigen.

Hochachtend.

....

f) Ungarn.

Budapest, den .... 19.......

Ungarische Landes-Zentral-Sparkasse

Budapest.

Ich (Wir) erlaube(n) mir (uns) Ihnen das Verzeichnis meiner (unserer) offenen Rechnungsforderung(en) über Pengö .... zu überreichen, welche ich (wir) zur Sicherstellung meiner (unserer) Ihnen gegenüber bestehenden, wie auch späterhin entstehenden Verpflichtungen im Sinne unseres Übereinkommens .... an Sie zediert habe(n), an Sie als Pfand vinkuliert habe(n).

Hochachtungsvoll

Postzahl	Hauptbuchblatt	Name	Beschäftigung	Wohnort u. Adresse	Betrag	Datum der Faktura	Fälligkeit	Anmerkung

Budapest, den .... 19......

....

....

Wir teilen hochachtungsvoll mit, daß wir Ihre gegenüber .... bestehende offene Rechnungsforderung über den Betrag von P. .... an die Ungarische Landeszentral-Sparkasse (Budapest, Deak Ferencz-utca 7) zediert haben.

Infolgedessen ersuchen wir Sie, den obigen Betrag Ihrer Rechnung am Tage der Fälligkeit, d. h. bis spätestens den .... nicht uns, sondern direkt und ausschließlich der Ungarischen Landeszentral-Sparkasse auszahlen zu wollen. Diese unsere Verfügung kann ohne Zustimmung der hier erwähnten Sparkasse nicht zurückgezogen werden.

Ihre weiteren w. Bestellungen erwartend, verbleiben wir

mit voller Hochachtung

Mit Berufung auf die obige Mitteilung lenken auch wir, zu deren Gunsten die obige Zession lautet, Ihre Aufmerksamkeit darauf, daß die am .... August 19...... fällige obige Fakturenschuld von P. .... ausschließlich uns auszuzahlen sein wird. — Zur Tätigkeit der Überweisung fügen wir 1 Stck. Posterlagschein bei.

In Erwartung Ihrer gesch. Verfügung, verbleiben wir

hochachtungsvoll

g) Vereinigte Staaten von Amerika.

Das erste Formular verdanke ich Herrn Dr. John Wolff z. Z. Columbia University, die übrigen sind mit freundlicher Genehmigung des Verlags Baker, Voorhis & Co. in New York entnommen aus Williston, On Contracts V 168 ff. (dort noch weitere Formulare).

Accounts assigned to AMERICAN EXCHANGE IRVING TRUST COMPANY OF NEW YORK CITY, as collateral for Loan for ...., Dated ....

For Value Received we hereby sell, assign, transfer and set over unto the AMERICAN EXCHANGE IRVING TRUST COMPANY, and its successors and assigns, all our right, title and interest in and to the following listed book accounts, and in and to all moneys now due and hereafter to grow due thereon.

This assignment is made under and pursuant to an agreement heretofore made and dated ....
19...... .

Date of Invoice	Terms of Sale	Name	Address	Amount of Invoice	Date Paid	Amount of Payment

The above accounts represent valid claims for goods sold and delivered and notation has been made on our ledger that the accounts have been assigned to AMERICAN EXCHANGE IRVING TRUST COMPANY.

It is the intention of the undersigned hereby to assign book accounts to the aggregate amount of the fact value of those listed herein and, if any of said accounts be disputed by the debtor or debtors, because of the nature and or quality of goods or for any reason, the undersigned hereby agrees to substitute new and undisputed accounts for such disputed ones and to the full aggregate value thereof, immediately upon notice of said dispute, and forthwith to make notation upon our ledger that such substituted accounts have been assigned to AMERICAN EXCHANGE IRVING TRUST COMPANY.

In Witness Whereof the .... has signed these presents by the hand of its .... and hereunto affixed its seal this .... day of .... 19.....

State of New York, County of New York, } ss. .... (L. S.)

On this .... day of .... 19......, before me personally came .... to me known who being by me duly sworn, did depose and say that he resided in .... that he is the .... of ...., the corporation described in and which executed the above instrument; that he knew the seal of said corporation; that the seal affixed to said instrument was such corporate seal; that it was so affixed by order of the Board of Directors of said corporation, and that he signed his name thereto by like order.

2. Agreement for Sale of Accounts by Merchant to Finance Company — Power of Attorney.

AGREEMENT made this .... day of .... 19..... between ...., hereinafter designated as the Company, and ..... hereinafter designated as the Customer, WITNESSETH:

Whereas the Customer is desirous of realizing cash on all accounts created by the sale of goods ordered and shipped to his customers.

Now, THEREFORE, in consideration of the covenants and agreements to be kept and performed by the respective parties hereto, it is hereby agreed between them as follows:

The Company agrees to secure funds and out of same to advance to the Customer from time to time .... per cent. on confirmation of the net face value of such accounts as may be accepted by the Company upon the following terms and conditions:

1. The Customer may submit all his orders to the Company for approval of credit.

2. The Customer shall deliver to the Company a correct original and duplicate invoice for goods actually sold and deli-

vered with original shipping receipts or bills of lading, and an assignment of the account upon the form attached hereto, and made a part of this agreement. The Company reserves the right to cancel its approval of any order or part thereof.

3. Should the Company disapprove of an order, the Customer may fill said order, but the account must be assigned as other accounts, and is to be held as security for all obligations of the Customer to the Company, subject to all the conditions contained in this agreement.

4. It is understood and agreed that the Company in no wise guarantees payment of any account.

5. It is further agreed that the Company will credit the Customer with all sums of money realized from the collection of accounts, and that said accounts transferred and assigned to the Company, together with any and all other accounts, sums of money, debts and demands, whatsoever, belonging to said Customer and which may be received by the Company, shall be held as general security for any and all advances, claims, debts, dues and demands of the said Customer, due or to become due, or that may hereafter be contracted with the Company, together with the charges and expenses of the Company specified in the Fifth, Sixth, Seventh and Tenth paragraphs of this agreement, with full right and power to the Company to demand such additional security as it may deem necessary, the said Customer to remain liable to the Company for any deficiency resulting from said Accounts.

6. The Customer authorizes and empowers the Company by its officers to endorse the name of the Customer on any and all checks, vouchers, notes, drafts, or other negotiable instruments or commercial paper which may be payable to the order of the Customer or endorsed over to the Customer, and receive remittances for accounts assigned and transferred to the Company, as aforesaid, or otherwise; to collect and receive all moneys, to give its receipt therefor, to sue for, compromise, settle and collect said accounts in its own name, or in the name of the Customer, or otherwise, it being distinctly understood that all and every expense incurred in the collection of accounts together with attorneys' fees, are to be charged to and paid by the Customer.

7. The Customer agrees to pay to the Company in cash or allow the Company, if it so elects, to retain from any money

collected or received upon the accounts of the Customer, a commission of .... per cent. on the gross amount of accounts of the Customer to reimburse the Company for services rendered or to be rendered in the collection of the accounts, assisting in extending credit, securing references and reports and generally assisting the Customer with his credit department. The Customer also agrees to reimburse the Company for such outlays as exchange on checks, and postage.

8. The Company shall further be entitled to charge interest at the rate of six per centum per annum on all moneys advanced by it to the said Customer.

9. All invoices of accounts transferred to the Company as aforesaid, shall contain thereon the statement that the Company may notify the debtors that the said accounts have been transferred and are payable to the Company; should any moneys on any account on which advances have been made by the Company, be collected by the Customer, the identical checks or moneys constituting such remittances shall be immediately handed over to the Company.

10. The Customer hereby guarantees the correctness and bona fides of all accounts assigned, and payment of same, and that all merchandise sold, shipped and delivered and constituting such accounts will be packed under personal supervision and legibly marked with the adress of the consignee and delivered to common carriers against their receipt or bills of lading to be forwarded to their respective destinations.

11. Should any debtor from whom any account is owing die, or make a general assignment, or any transfer of his, her, its or their property, or should a judgment be taken against such debtor, or any such debtor become insolvent as construed by the Bankruptcy Laws, or should any account become due and owing, according to the terms of invoice and not be paid, then the Customer upon demand of the Company shall pay the said Company in cash, or allow the said Company, if it so elects, to deduct from any balance, which it may have on hand, or out of any sum which it may hereafter have on hand, or out of any sum which it may hereafter have on hand to the credit of the Customer, any advances made on such account, together with the charges of the Company, specified in the Fifth, Sixth, and Seventh clauses of this agreement.

12. Should any Customer indebted to the Company make a general assignment or any transfer of his, her, its or their property or should a judgement be taken against such Customer or should such Customer become insolvent, or should proceedings in Bankruptcy be instituted against such Customer, or should any such Customer become insolvent as construed by the Bankruptcy Laws of the Company shall have the right to place all accounts transferred to it as aforesaid, due or to become due, in the hands of its attorneys, or collection agency, and in addition to the charges and expenses hereinabove specified, the account of the said Customer shall be changed with and the said Customer shall pay all and every expenses incurred in the collection of said accounts, together with a charge of ten per cent fees on each and every account turned over for collection as aforesaid.

13. Should the Customer allow any claim or deduction on any acount assigned to the Company, notice thereof must be immediately given by the Customer to the Company, and thereupon the Customer shall pay in cash or allow the said Company, if it so elects, to deduct from any balance which it may have on hand, or out of any sum which it may thereafter have on hand to the credit of the Customer for the claim allowed.

14. Should any goods be returned to the Customer on any account assigned to the Company notice thereof must be immediately given by the Customer to the Company, and it shall be optional with the Company either to retain its title to the merchandise returned and to take possession of the same, or to surrender the same upon receiving payment therefor in cash, or at any further option of the Company to deduct the value of the goods returned from any balance which it may have on hand to the credit of the Customer.

15. Should any goods, on accounts assigned by the Customer as aforesaid, be returned to the Company, the said Company shall have the right to take, hold, assign, warehouse, store, sell, transfer or set over the said returned merchandise in whole or in part, and receive the proceeds of the said returned merchandise, and shall credit the customer with all sums of money realized thereon, less the expense of so doing of the Company.

16. The Customer agrees that any account transferred to the Company will have the transfer properly entered in his ledger stating that this account is the property of.

17. The Company or its representatives shall have the privilege of investigating the bona fides of all accounts upon which advances have been made to the Customer.

18. The Customer agrees not to procure advances on any accounts from any sources other than the Company during the continuance of this agreement, and will assign all the accounts of the Business to the Company as soon as the merchandise is shipped, and furthermore gives to the Company the privilege to examine all the books used in connection with the Customer's business at any time that the said Company may desire.

19. This agreement shall be a continuing one, subject to a discontinuance upon notice by either party to the other, the Customer, however, reserving the right to discontinue this agreement by settling his account with the Company in full.

20. The foregoing statement, representations and covenants are made by the Customer for the express purpose of inducing the Company to enter into this agreement, and to make advances to said customers on accounts as hereinbefore set forth. The waiver in any instance by the Company of any of its rights, privileges or options hereunder shall not operate as a waiver in any other instance.

21. The within agreement shall be binding on and enure to the benefit of the said parties, their legal representatives and assigns.

ASSIGNMENT (IN CONNECTION WITH THE FOREGOING).

KNOW ALL MEN BY THESE PRESENTS, That for value received, we have bargained, sold, transferred, assigned, and set over and by these presents do bargain, sell, transfer, assign and set over unto ...., its successors and assigns, the claim and account set forth on the reverse side hereof, and all right, title and interest therein, and in and to any and all of the merchandise, the sale of which created said account, to have and to hold the said claim or account and any and all merchandise returned or unaccepted thereon, unto said ...., its successors and assigns, for their own use and benefit forever.

We hereby constitute and appoint said .... our true and lawful attorney irrevocable in our name or otherwise but to their own use and benefit to sell, transfer, assign, set over, compromise, pledge, discharge and collect the whole or any part of said claim, or account, and to receive all moneys due or to grow due thereon and to take, hold, transfer, assign, set over, or sell and receive the proceeds of, the whole or any part of said returned merchandise and for said purposes to do all acts and things necessary or proper in the premises, and one or more persons to substitute with like power, hereby ratifying and confirming all that our said attorney or attorneys, or his or their substitute or substitutes shall lawfully do by virtue hereof.

We hereby certify and covenant that the said claim or account is a true and correct statement of a bona fide indebtedness incurred by the debtor therein named, upon the terms therein stated, now outstanding and owing to the full amount thereof for said merchandise actually sold and delivered and accepted by said debtor; that no payment has been made thereon, and that there are no defenses, offsets or counterclaims thereto; that said merchandise was, at the time of said sale, owned by us in our own right and free from any lien or encumbrance, and that said claim or account is free from all encumbrance except such as is held by said .... under this instrument.

This assignment is made in furtherance of the existing agreement made between the undersigned and ....

Dated, New York, ... 19....... .

Agreement between Banker and Merchant for Advances against. Assigned Accounts — Assignment of Accounts.

AGREEMENT made .... between .... hereinafter called the „Banker“ and .... hereinafter called the „Assignor“...

The parties hereto mutually covenant and agree as follows;

1. The assignor agrees to assign and transfer to the Banker during the continuance of this agreement all outstanding accounts as may be created in the Assignor's business. The Banker agrees to procure funds and to advance to the Assignor .... per cent. of the face value of such accounts as may be accepted and approved by the Banker, less all discounts, provided the Assignor shall in each instance deliver to the Banker accurate, original and duplicate invoices of the sales creating such outstanding accounts with the original Bills of Lading, shipping or express receipts or other evidence of ship-

ment or delivery, and also an assignment of the account upon the form attached hereto. The Banker shall have .... days after the receipt of said assigned accounts and original Bills of Lading, shipping or express receipts, within which to accept and approve such accounts and advance the funds thereon.

2. The Banker shall have the right to notify the debtors that said accounts have been transferred and are payable to the Banker and should any moneys on any account upon which advances have been made by the Banker be collected by the Assignor in whole or in part, the Assignor shall hold the same in trust for the Banker and shall immediately turn over to the Banker the identical original remittance or remittances.

3. The Assignor agrees to pay interest at the rate of six per cent. per annum on moneys advanced by the Banker to be computed from the time of such advance to the time of the actual repayment to the Banker.

4. In the event that any account be not paid to the Banker within .... days after maturity, or, in the event that any debtor shall become insolvent, or make a general assignment or transfer of property, or should judgment be taken, or proceedings in bankruptcy be instituted against such debtor, then, the Assignor, upon demand of the Banker, shall pay to the Banker in cash or allow the Banker, if it so elects, to deduct from any balance which it may then or thereafter have on hand to the credit of the Assignor, all advances made on such accounts, together with the charges, expences, interest and commission of the Banker as herein provided; or the Banker may at its option transfer such account to an „Overdue Collateral Account", and all moneys thereafter collected thereon shall be retained by the Banker and credited to the Assignor, and the Assignor agrees to replace such accounts by new assigned accounts satisfactory to the Banker and such new accounts shall be held by the Banker in the place of and as security for the advances heretofore made on the original accounts.

5. The title to all merchandise which any debtor may return or refuse to accept is in the Banker. Should the Assignor have any merchandise returned to him, or not accepted, on any account assigned to the Banker, or should information be received by the Assignor of such return or non-acceptance, the Assignor shall immediately give notice to the Banker and the Banker shall thereupon have the option either to retain its

title to the merchandise so returned or not accepted or to surrender the same to the Assignor upon receiving payment therefor in cash, or at the further option of the Banker to deduct the value of the goods returned or not accepted from any balance which the Banker may then or thereafter have on hand to the credit of the Assignor.

6. The Banker shall have the right to collect and receive all moneys; to give receipt therefor; to sue for or collect said accounts in its own name or in the name of the assignor or otherwise, but without any liability for negligence for itself or any agent in the manner of collecting or handling any accounts. All and any expense incurred in the collection of accounts, together with the attorneys' fees and exchange on checks are to be charged to and paid by the Assignor.

7. The Banker shall have the right to compromise or settle with debtors where the amount of the invoices is in dispute or where claims for allowances may be made or where any debtor has failed to make payment when due; but before consummating the same, the Banker shall notify the Assignor, who shall thereupon be entitled to take a re-assignment of such account upon payment of the amount thereof to the Banker.

8. The Banker agrees to keep true and accurate records of the accounts assigned and true and correct records of the amounts owing on said accounts, the respective dates of maturity and the amounts paid thereon by the debtor and the Assignor shall be entitled to receive information from these records on request. The Banker further agrees to use its best endeavors to collect said accounts and to render to debtors proper bills and statements from time to time as may be necessary or advisable; to investigate into the financial standing and credit of the debtors and to furnish the Assignor, when requested, such confidential information as it may have, and the Banker further agrees to advise the Assignor whenever requested, regarding the conduct and policy of the Assignor's business.

9. In consideration of the said services, the Assignor agrees to pay to the Banker .... per cent. on the aggregate in amount of the face value of all accounts assigned to and accepted by the Banker, but the Banker may, at its option, retain said commissions from any and all moneys of the Assignor in its hands.

10. The Banker shall have the right at any time during business hours to examine the books of account of the Assignor.

11. The Assignor agrees not to procure advances on any accounts from any source other than the Banker during the continuance of this agreement. The Assignor hereby guarantees the correctness and good faith of all accounts assigned and the payment of same.

12. The Banker agrees to remit to the Assignor all sums received by him on the collection of the aforesaid accounts after deducting all advances made thereon by the Banker together with the interest, commission, advances and charges as herein provided.

13. In the event of any misrepresentation of the Assignor as to any account assigned by the Assignor to the Banker in matters pertaining to this agreement, or in the event of any violation by the Assignor of any of the provisions of this agreement or in case of failure or insolvency on the part of the Assignor, this agreement may be at once terminated by the Banker without notice and any and all claims against the Assignor by the Banker, shall, at the option of the Banker, immediately become due and payable.

14. It is agreed that if this account be discontinued for any reason, the Banker shall have the right to collect all moneys advanced, plus commission, interest, charges and expenses before paying the Assignor any equities.

15. The Banker shall have a general Banker's Lien on all moneys, property or other collateral in its possession, for any and all indebtedness which may exist under this agreement. The word „debtor" in this agreement refers to the customers of the Assignor mentioned in the assigned accounts.

16. The term of this agreement shall be from the .... day of ...... 19.., to the ..... day of ...... 19... Thereafter this agreement shall continue from year to year, unless written notice of election to discontinue shall be given sixty days prior to the expiration of any year by either party to the other.

This contract shall be construed according to the law of the Staate of.......

ASSIGNMENT (IN CONNECTION WITH THE FOREGOING)

For value received, we do hereby sell, assign, transfer, and set over to the Banker, his successors and assigns, the claims and account set forth on the reverse side hereof, and all our right, title and interest therein and to any and all of the merchandise therein described, and any and all the merchandise returned or unaccepted thereon. We do hereby covenant and guarantee that the said claim and account is a true and correct statement of an actual indebtedness incurred by the debtor therein named, upon the terms therein stated now outstanding and owing to the full amount thereof for merchandise actually sold and delivered to and accepted by said debtor; that no payments have been made on said account, that there are no defenses, counterclaims or offsets thereto; that the merchandise was at the time of the said sale owned by the undersigned, free from any lien or encumbrance, and that said claim and account is free from any lien or encumbrance except such as is held by the Banker pursuant to this instrument.

We hereby constitute and appoint said Banker, our true and lawful attorney irrevocable, in our name or otherwise but to his own use and benefit, to sell, assign, transfer, set over, compromise, pledge, discharge and collect the whole or any part of the said claim or account and the whole or any part of any merchandise that may be returned or unaccepted, and to receipt for and endorse in the name of the undersigned, any and all checks or remittances that may be made on account thereof, and for the said purposes to do all things necessary or advisable in the premises with full power of substitution, hereby ratifying and confirming all that the Banker or his substitute shall lawfully do hereunder.

Dated, ... 19..

B. Tabellarische Länderübersicht zu den wichtigsten Fragen (zugleich Rechtsquellen- und Literaturnachweis sowie Sachregister)

Land	Rechtsquellen Literatur	Die wesentlichen Erfordernisse der Zession	Bemerkungen, insb. die Sicherungszession
Ägypten über den Dualismus der Rechte in Ägypten vgl. von Schwartzkoppen, Rechtsvergl. Handwörterbuch I, 499 ff. 9	a) Art. 434 ff. Code civil mixte. Art. 348 ff. Code civil indigène. b) De Hults, Droit civil égyptien 1 Bd. 2. Aufl. 243 ff. Palagi, Le Code civil mixte commenté III, 111 ff.	Forderungen, die zwischen Einheimischen entstanden sind, können nur unter Zustimmung des Schuldners übertragen werden (Art. 436 IV c. c. mixte), die nur durch die Zustimmungsurkunde oder Eideszuschiebung bewiesen werden kann (Art. 349 c. c. indigène). Nach dem code civil mixte gilt: Zwischen den Parteien ist die Abtretung mit Willenseinigung perfekt. Gegenüber Dritten ist nach Art. 436 c. c. entweder die Notifikation oder acceptation du cédé dans un acte ayant date certaine erforderlich, um die Forderung übergehen zu lassen. Die Notifikation hat durch den Gerichtsvollzieher zu erfolgen. Vgl. Bulletin de législ. et de jurispr. ég. 28, 170. In Handelssachen reicht es aus, wenn Notifikation oder Akzeptation sich aus ordnungsmäßig geführten Büchern ergeben (Art. 437 c. c. mixte).	Trotz der strengen Formvorschriften ist die Sicherungsabtretung in Ägypten verbreitet, vgl. Gazette des tribunaux mixtes 20, Nr. 66. Bulletin de législ. et de jurispr. ég. 42, 385; 223. Die Vereinbarung eines Zessionspreises ist notwendig, Palagi III, 113. Auch die Sicherungsabtretung künftiger Forderungen ist möglich, Cour d'Appel: Gazette des tribunaux mixtes 22, 218. Wann die Sicherungsabtretung der Verpfändungsform bedarf, ist noch nicht geklärt: Cour d'Appel a. a. O.
Argentinien 10, 11, 14, 19, 24, 59, 71, 79, 81, 96, 97, 98, 100, 101.	a) Art. 1434 ff. Codigo civil. b) Lafaille, Obligaciones I, 172 ff.	Schriftform (Art. 1454) notwendig; bei Abtretung von auf einer öffentlichen Urkunde beruhenden Rechten öffentliche Urkunde Art. 1184 Ziff. 9. Gegenüber Dritten, die wegen inzwischen erworbener Rechte ein berech-	

Land	Rechtsquellen Literatur	Die wesentlichen Erfordernisse der Zession	Bemerkungen, insb. die Sicherungszession
Argentinien (Fortsetzung)	Machado, Comentario del Codigo Civil 4, 158.	tigtes Interesse an der Bestreitung der Zession haben, wirkt die Zession erst mit der Notifikation an den Schuldner oder der Akzeptation durch ihn, Art. 1459. Die indirekt erlangte Kenntnis des Schuldners hindert ihn nicht daran, an den Zedenten zu leisten, Art. 1461. Um gegenüber Dritten (außer Zessionar und Schuldner) zu wirken, muß die Notifikation durch öffentliche Urkunde notifiziert sein (Art. 1467).	
Australien s. Britisches Reich.			
Bolivien	a) Art. 862 ff. cód. civ. (Kapitel über Novation). b) Aspiazu, Diccionario Razonado del Derceho Civil Boliviano (1923), s. v. novación.	Die gesetzliche Regelung ist äußerst dürftig. Nach Art. 863 Ziff. 3 besteht eine der möglichen Arten der Novation darin, daß durch einen neuen Vertrag ein neuer Gläubiger an Stelle des alten tritt und der Schuldner dem letzteren gegenüber befreit wird. Aus Art. 866 („Die Novation, durch die ein neuer Gläubiger an Stelle des alten tritt, kann ohne Zustimmung des Schuldners stattfinden") ergibt sich, daß es sich hier tatsächlich um das der Forderungszession entsprechende Rechtsinstitut handelt. Vgl. auch Aspiazu, S. 72 u. 263.	

Land	Rechtsquellen Literatur	Die wesentlichen Erfordernisse der Zession	Bemerkungen, insb. die Sicherungszession
Brasilien 14, 61, 81, 97, 98	a) Art. 1065—1078 cod. civ. b) Heinsheimer, Zivilgesetze der Gegenwart III 230. Mendonça, Doutrina e Pratica das Obrigações 2. Aufl. II, 94 ff.	Zur Wirkung zwischen den Parteien keine Form erforderlich. Im Verhältnis zu Dritten ist entweder öffentliche Urkunde oder eine Privaturkunde unter Zuziehung zweier Zeugen notwendig, Art. 1067, 135 Cod. civ. Im Verhältnis zum Schuldner wirkt die Abtretung erst, wenn sie ihm notifiziert ist. Ob diese Notifikation durch Zustellung seitens des Gerichtsvollziehers zu geschehen hat, ist zweifelhaft. (Für Formfreiheit: Mendonça 123.) Die Benachrichtigung wird durch öffentliche oder private Anerkenntnisurkunde ersetzt, Art. 1069 cod. civ.	
Britisch-Indien s. Britisches Reich.			
Britisches Reich Da dem Rechtszustand im Britischen Reich ein besonderer Paragraph (4) gewidmet ist, werden hier nur die Angaben über Rechtsquellen und Schrifttum im Zusammenhang wiedergegeben. 13, 15, 16 ff., 27, 30 f., 43 ff., 57, 58, 62, 67, 71, 82 f., 88, 95, 98, 100, 102.	1. **England.** a) Sect. 136 Law of Property Act 1925 *) (früher sect. 25 ss. 6 Judicature Act 1873); sect. 79 Companies Act, 1925; sect. 38 und 43 Bankruptcy Act, 1914. b) Odgers-		

*) "Any absolute assignment by writing under the hand of the assignor (not purporting to be by way of charge only) of any debt or other legal thing in action, of which express notice in writing has been given to the debtor, trustee, or other person from whom the assignor would have been entitled to claim such debt or thing in action, is effectual in law (subject to equities having priority over the right of the assignee) to pass and transfer from the date of such notice
a) the legal right to such debt or thing in action;
b) all legal and other remedies for the same; and
c) the power to give a good discharge for the same without the concurrence of the assignor . . . ."

Land	Rechtsquellen Literatur	Die wesentlichen Erfordernisse der Zession	Bemerkungen, insb. die Sicherungszession
Britisches Reich (Fortsetzung)	Burrows 3. Aufl., On the Common Law II 114—139; The Annual Practice 1932, 2325 ff.; Story-Randall, On Equity 3. Aufl. 430 ff.		
13, 27, 44, 52, 59, 62, 96, 100, 101.	2. **Schottland.** a) Transmission of Moveable Property (Scotland) Act, 1862, 25/26 Vict. c. 85 (behandelt zugleich Übertragung von anderem moveable property). b) Gloag and Henderson, Introduction to the Law of Scotland (1927) 395 ff.; Wedderburn s. v. Assignation in Encyclopaedia of the Laws of Scotland 2, 5 ff.; Gloag, On Contracts, 1. Aufl. 452 ff. 2. Aufl. 413 ff.		
27, 49, 50, 51, 54, 61, 62, 66, 68 ff., 94 f., 95.	**3. Canada.** a) sect. 63 Bankruptcy Act (Rev. Stat. 1927 ch. 11) und die dazu erlassenen Provinzgesetze, ob. S. 54. Im übrigen gelten verschiedene Provinzialgesetze, z. B. sect. 49 Conveyancing and Transfer of Property Act (Ontario Rev. Stat. ch. 137), der die Klagebefugnis des Zessionars ausdrücklich feststellt. b) Canadian Encyclopedic Digest, Ontario Edition, 1, 593 u. 2, 330 ff. (W. Kent Power); Anger, Digest of Canadian Mercantile Law, 13. Aufl. (1929) 404; Duncan, Law and Practice of Bankruptcy in Canada, 1922, 334 ff.; Bradford and Greenberg, Canadian Bankruptcy Act 2. Aufl. (1929) 138; (für Quebec:) Langelier, Cours de Droit Civil de la Province de Quebec V, 127 ff. — Der in 6 Provinzen eingeführte Assignment of Book Debts Act ist in den Proceedings der Conference of Commissioners on Uniformity of Legislation in Canada, 1928, enthalten.		
	4. **Neufundland.** a) Sect 25 (11) des Judicature Act (Ch. 83 Cons Stat. 1916).		
15, 27, 51, 55, 62, 71, 86.	5. **Südafrika.** a) Sect 33 des Insolvency Act 1916/26. b) Wille & Millin, Marcantile Law of South Africa, 5. Aufl., 25 f.; Lee, Introduction to Roman-Dutch Law, 3. Aufl., 252 ff.; Bisset and Smith, The Digest of South African Case Law (Consol. Ed.) I S. 664 ff. und Ergänzungsbände. (Sicherungszession ist anerkannt: Lee 256.)		
	(Jede uneingeschränkte Übertragung von ziffernmäßig bestimmten Geld- oder sonstigen nach common law anerkannten Ansprüchen [die nicht nur eine Belastung sein soll], die vom Zedenten unterzeichnet ist und von der der Schuldner, Treuhänder oder sonstige Verpflichtete ausdrücklich schriftlich benachrichtigt wurde, bewirkt nach common law mit dem Tage dieser Anzeige [vorbehaltlich der dem Zessionar vorgehenden Billigkeitsrechte] den Übergang folgender Rechte: a) das nach common law wirksame Gläubigerrecht des Geld- oder sonstigen Anspruches; b) alle nach common law oder sonst anerkannte Rechtsbehelfe; c) die Befugnis, wirksam ohne Hinzuziehung des Zedenten quittieren zu können. . . . .)		

Land	Rechtsquellen Literatur	Die wesentlichen Erfordernisse der Zession	Bemerkungen, insb. die Sicherungszession
Britisches Reich (Fortsetzung) 50, 51, 56, 65, 68.	6. **Australien.** a) Bankruptcy Act 1924/1928 s. 91 (e) und verschiedene einzelstaatliche Gesetze, von denen der Instruments Act, 1915 des Staates Victoria (sect. 180 ff.) besonders wichtig ist (Anm. in: The General Public Acts of Victoria III, S. 2120 ff.). b) Eagleson, The Law relating to Bills of Sale S. 153; The Australian Manual of Accountancy and Commercial Law 8. (N. S. W.) Ed. S. 385, 510; McDonald, Henry and Meek, The Australian Bankruptcy Law and Practice (1928) 184 f.; Robertson and Tait, Federal Bankruptcy Law and Practice 218 ff.; Millard's Personal Property in New South Wales, 3. Aufl. by B. A. Helmore 29 ff.		
46, 56, 64 f.	7. **Neuseeland.** a) Chattels Transfer Acts 1924—25 Sect. 31. — Sect. 46 Property Law Act 1908, der fast wörtlich mit sect. 25 (6) des englischen Judicature Act 1873 übereinstimmt. b) Garrow, Law of Property 2. Aufl. 2. Bd. 187 ff. G. Russell, Commercial Law in New Zealand 410. Ferner einiges in dem Erläuterungsbuch zu dem außer Kraft getretenen Chattels Transfer Act 1908: G. O. K. Sainsbury, The Chattels Transfer Act 1908.		
45, 58, 85.	8. **British-Indien.** a) Transfer of Property Act 1882 (geändert 1929/1930) sect. 130 ff. (in der Fassung des Gesetzes Nr. 2 von 1900). Presidency Towns Insolvency Act, sect. 52 b) Gour, Law of Transfer in British India, 6. Aufl. III 2139 ff.; L. G. Mukerji, The Law of Transfer inter vivos in British India, 577 ff.; Mitra, The Transfer of Property Act, 7. Aufl. 726 ff.		
9, 10, 95.	9. **Palästina.** a) Assignment of the Debts Ordinance 1928 (1928, No. 20). b) Hilb in RabelsZ. 3, 650.		
Bulgarien 14, 43, 57, 81, 94, 99.	a) Art. 360 ff. Obl. R. (= Gesetz über Verbindlichkeiten und Verträge vom 3. Dezember 1892). b) Schöndorf, Einführung in das geltende slawische Recht, Band 1, Bulgarien	Vorbehaltlich der allgemeinen Beweisregeln kann die Abtretung formlos erfolgen. Gegenüber Dritten ist zu einer wirksamen Zession die Anzeige an den Schuldner erforderlich. Im Gegensatz zum französischen Recht läßt die herrschende Ansicht Mitteilung in jeglicher Form genügen, Raphailoff 29,	Auch zukünftige Forderungen können abgetreten werden. Sicherungsabtretungen kommen im Bankverkehr besonders hinsichtlich von Forderungen gegen den Fiskus vor. Sie enthalten die Formel, daß der Ze-

Land	Rechtsquellen Literatur	Die wesentlichen Erfordernisse der Zession	Bemerkungen, insb. die Sicherungszession
Bulgarien (Fortsetzung)	102ff. Raphailoff, De la cession et de la mise en gage des créances non négociables en Droit Bulgare comparé (Paris 1929). Dr. N. Mewozach, D. J. Lidži, Leon Farchi, **Kommentar** zum Obligationenrecht (bulgarisch).	34. Üblich und empfehlenswert ist jedoch die Notifakation durch den Gerichtsvollzieher. Bei Aufnahme der Klausel „an Order“ können auch bürgerliche Schuldurkunden übertragen werden, ohne daß es einer Anzeige an den Drittschuldner bedarf (Schöndorf 103 Anm. 1, Raphailoff 43). Im Gegensatz zum französischen Recht ist im Gesetz die öffentlich beglaubigte Annahme durch den Schuldner der Notifikation nicht gleichgesetzt. Daher dürfte schon formlose Annahme gleiche Wirkungen haben, Raphailoff 35f.	dent den Forderungsbetrag voll erhalten habe. Zugleich stellt die Bank eine Urkunde aus, aus der sich der wahre Sachverhalt ergibt. — Für die Sicherungsabtretungen gelten die allgemeinen Bestimmungen.
Chile, Columbien und Ecuador 71, 81, 97, 98, 100.	a) **Chile,** Art. 1901 ff. Código civil; Art. 162 ff. Código di comercio. **Columbien,** Art. 1959 ff. Código civil; Art. 252 ff. Código di comercio. **Ecuador,** Art. 1892 ff. Código civil; Art. 203 Código di comercio.	Die Abtretung wirkt zwischen den Parteien von der Übergabe des Titels an, Art. 1901 = 1959 = 1892 C. c. Gegenüber dem Schuldner und Dritten wirkt sie nur bei Notifikation oder Annahme, letztere kann, wie Art. 1904 = Art. 1962 = Art. 1895 C. c. ausführt, in der Litiskontestation und in dem Beginn der Leistung an den Zessionar bestehen, Art. 1902 = Art. 1960 = Art. 1893 C. c. Bis dahin kann, wie Art. 1905 = Art. 1963 = Art. 1896	

Land	Rechtsquellen Literatur	Die wesentlichen Erfordernisse der Zession	Bemerkungen, insb. die Sicherungszession
Chile, Columbien und Ecuador (Fortsetzung)	b) F. O. Espinosa, Concordancias y Jurisprudencia del Código Civil Chileno (1928) V, 176 ff. Anzola, Derecho mercantil I, 292 (Columbien); Fernando Velez, Estudio sobre el Derecho civil colombiano. 2. Aufl. VII, 322 ff.	C. c. feststellt, der Schuldner an den Zedenten zahlen und die Forderung durch Gläubiger des Zedenten gepfändet werden. Bei der Notifikation muß der Titel mit Übertragungsvermerk vorgelegt werden, Art. 1903 = Art. 1961 = Art. 1984 C. c. Art. 162 II des chilenischen Handelsgesetzbuches sagt ausdrücklich, daß die Notifikation durch einen Urkundsbeamten (ministro de fé) zu erfolgen hat. Es ist anzunehmen, daß dadurch nur der Sinn des früher erlassenen Zivilgesetzbuches erläutert werden sollte. Die Notifikation kann auch durch einen Notar erfolgen, vgl. die bei Espinosa 191 zitierte Entscheidung.	
China 14, 16.	Bürg. Gesetzbuch Art. 294 ff. Übersetzung in englischer Sprache: The Civil Code of the Republic of China von Ching-Lin Hsia u. a. Shanghai, 1931.	Art. 297: „Die Übertragung einer Forderung ist — vorbehaltlich anderer gesetzlicher Vorschriften — gegenüber dem Schuldner erst wirksam, nachdem der Zedent oder Zessionar ihm von ihr Mitteilung gemacht hat. Als Mitteilung gilt die durch den Zessionar erfolgende Vorzeigung der von dem Zedenten errichteten Abtretungsurkunde.“	

Land	Rechtsquellen Literatur	Die wesentlichen Erfordernisse der Zession	Bemerkungen, insb. die Sicherungszession
China (Fortsetzung)		Die Mitteilung (französische Übersetzung: avis) bedarf anscheinend keiner besonderen Form.	
Costa Rica 19, 24, 61, 97, 101.	a) Art. 1101 ff. Código civil, Art. 329. Código de comercio. b) Brenes Cordoba, Tratado de las Obligaciones y Contratos 387 ff.	Die Abtretung wirkt zwischen den Parteien mit Abschluß des Vertrages. Gegenüber dem Schuldner wirkt der Übergang erst mit der Notifizierung, Art. 1104 C. c., die durch den Zedenten oder Zessionar erfolgen kann. Gegenüber Dritten Wirkung im allgemeinen mit öffentlicher Beurkundung des Datums. Wie die Notifizierung zu geschehen hat, wird nicht ganz klar. Nach den Ausführungen Cordobas a. a. O. 388 hat es den Anschein, als wenn die Zustellung durch öffentliche Beamte aus Beweisrücksichten zwar empfehlenswert, nicht aber notwendig sei. Für die Notwendigkeit der förmlichen Notifizierung spricht Art. 329 C. com., wo ausdrücklich von einer förmlichen Notifizierung gesprochen wird.	Die Abtretung künftiger und bedingter Forderungen ist anerkannt, **Art.** 1102 C. c.
Cuba 61, 86.	Das cubanische Recht gleicht dem spanischen Recht. Vgl. Rechtsvergleichendes Handwörterbuch I 755, sowie Arango García, Código civil interpretado por el Tribunal Supremo de Cuba II 231 ff.		
Dänemark 14, 18, **33**, 71, 72 f., 86, 102.	Munch-Petersen, Den borgerlige Ret. 7. Aufl. 285 ff. Lassen,	Formloser Vertrag ausreichend, Schriftform aber zweckmäßig. Lassen 541/43. Mitteilung an den Schuldner	Abtretung zur Sicherung ist bekannt. Insbesondere auch Abtretung von Buch-

Land	Rechtsquellen Literatur	Die wesentlichen Erfordernisse der Zession	Bemerkungen, insb. die Sicherungszession
Dänemark (Fortsetzung)	Handboog i Obligationsretten Almindelig Del, 3. Aufl. 540 ff.	zur Gültigkeit nicht erforderlich (s. aber nächste Spalte). Der in nichtfahrlässiger Unkenntnis leistende Schuldner wird befreit.	forderungen. Die Sicherungszession muß entsprechend der Sicherungsübereignung bei körperlichen Gegenständen als Verpfändung behandelt werden. Zu ihrer Wirksamkeit ist daher bei nicht schriftlich verkörperten Forderungen die Benachrichtigung des Drittschuldners, bei schriftlich verkörperten die Übergabe der Urkunde oder ein schriftlicher Vermerk auf ihr erforderlich. Lassen S. 549/50. Die Benachrichtigung des Drittschuldners ist zur Wirksamkeit notwendig. (Höchstes Gericht in Ugeskrift for Retsvaesen 1928, 37 ff.; ebenso östl. LG. in Ugeskrift for Retsvaesen 1928, 593 ff.)
England s. Britisches Reich.			
Estland s. Lettland.			

Land	Rechtsquellen Literatur	Die wesentlichen Erfordernisse der Zession	Bemerkungen, insb. die Sicherungszession
Finnland 14, 71.	Hernberg, Rättshandbok. Grotenfelt, Kommentar till Konkursstadgan.	Formloser Abtretungsvertrag ausreichend. Streitig ist, ob nur Anzeige oder Kenntnis oder schon fahrlässige Unkenntnis dem Schuldner die Möglichkeit zu befreiender Leistung an den Zedenten nimmt (Hernberg 160 ff.).	
Frankreich und Belgien 10 f., 13, 14 f., 18, 19, 21, 24, 29, 43, 57, 70, 74 ff., 92 ff., 97 ff., 101.	a) Art. 1689—1695, 1699—1701 code civil. b) Frankreich, Huc, De la cession et de la transmission des créances, 2 Bd. (1891); Nouveau Code Civil Annoté (Dalloz) IV 1 Art. 1689 ff.; Planiol et Ripert, Traité pratique de droit civil français VII (Obligations) 2, no. 1107 ff. Belgien, Beltjens, Code civil annoté 3. Aufl. V Art. 1689 ff.	Für die Gültigkeit unter den Parteien bestehen keine besonderen Formerfordernisse. Über die Wirksamkeit gegenüber Dritten (darüber oben S. 74 ff.) bestimmt Art. 1690 c. c.: „Der Zessionar erwirbt Dritten gegenüber die Forderung durch die förmliche Mitteilung (signification) der Übertragung an den Schuldner. Jedoch kann der Zessionar sie mit gleicher Wirkung durch die von dem Schuldner in einer öffentlichen Urkunde erklärte Annahme der Übertragung erwerben." Die signification hat durch einen Gerichtsvollzieher auf Antrag des Zedenten oder Zessionars zu geschehen; eine Frist für die Vornahme der signification besteht nicht (jedoch wirkungslos nach Notifikation einer zweiten Zession und nach Konkurseröff-	Sicherungszessionen scheinen nicht vorzukommen. Über die Möglichkeit, ähnliche Wirkungen durch Wechselbegebung zu erreichen, vgl. Arndt JW. 1931, 3045. Künftige Forderungen können grundsätzlich abgetreten werden, Planiol et Ripert no. 1114 und 1120. Doch begegnet meist die Erfüllung der Erfordernisse des Art. 1690 c. c. in solchen Fällen Schwierigkeiten (vgl. Cour de Cassation v. 7. VIII. 1843: Sirey 1843, 1, 775). In Belgien ist durch das Gesetz vom 25. Oktober 1919 sur le crédit professionel en faveur de la petite bourgeoisie

Land	Rechtsquellen Literatur	Die wesentlichen Erfordernisse der Zession	Bemerkungen, insb. die Sicherungszession
Frankreich und Belgien (Fortsetzung)		nung); eine frühere Forderungspfändung bewirkt Konkurrenz zwischen Zessionar und Pfändendem: Planiol et Ripert no. 1123.	commerçante et industrielle ein besonderes Rechtsinstitut geschaffen, durch das ausstehende Geschäftsforderungen zur Sicherung verwertet werden können. Näheres über das Gesetz oben S. 11 f.
Griechenland Die Angaben beruhen in der Hauptsache auf freundlicher Mitteilung von Herrn Dr. Fragistas, Saloniki. 14, 71, 72, 95.	*'Α. Ι. Μομφερράτου. 'Ενοχικόν Δίκαιον* (1900) §§ 177–217. *Π. Καλλιγᾶ Σύστημα 'Ρωμαϊκοῦ Δικαιου* III §§ 442 ff. (1885) *Π. Παπαρηγο πούλου. 'Αστικόν Δίκαιον* Bd. V §§ 1 ff. (1890) Dernburg — *Γ. Δυολουνμύλου : 'Ραγαϊνον Δίκαιον,* Bd. III, Athen, 1930, § 48—§ 52 a (S. 148–161) *Ι. Δ. Ζέωου — 'Ασλεόσ Κῷδι,* Bd. III Athen (1930) § 1836–1870.	Grundsätzlich ist die Abtretung formfrei möglich; wirksam ist die Übertragung erst im Augenblick der grundsätzlich ebenfalls formlos möglichen Benachrichtigung des Schuldners (bestr.). Doch machen beweisrechtliche Vorschriften die Beachtung strenger Formen teils notwendig, teils erwünscht (vgl. hierzu Fragistas, Das griechische Beweisrecht in Heft 1 der prozessualen Abhandlungen von Professor Golsdschmidt). Es sind dies für den Abtretungsvertrag, notarielle Urkunde oder privatschriftliche mit date certaine versehene Urkunde; für die Benachrichtigung des Schuldners die Notifikation durch den Gerichtsvollzieher.	Künftige Forderungen können abgetreten werden. — Der fiduziarischen Abtretung werden in der Rechtsprechung Schwierigkeiten gemacht (Scheingeschäft, mangelnde Aktivlegitimation des Zessionars). Für die Verpfändung von Forderungen an Aktiengesellschaften und gewisse Bankunternehmen gilt nach dem Gesetzesdekret vom 17. Juli 1923 besonderes.

Land	Rechtsquellen Literatur	Die wesentlichen Erfordernisse der Zession	Bemerkungen, insb. die Sicherungszession
Guatemala 71.	a) Art. 1632 ff. Código civil, Art. 229—232 Código de comercio, der wörtlich mit Art. 162—165 des chilenischen Código de comercio übereinstimmt.*) — Das neue bürgerliche Gesetzbuch ist, soweit bekannt, in den hier in Betracht kommenden Teilen noch nicht in Kraft, vgl. Rechtsvergleichendes Handwörterbuch I, 720. b) S a r a v i a, Derecho patrio (1910) 78.	Nach Art. 1632 C. c. wirkt die Zession zwischen den Parteien mit der Übergabe des Titels, falls ein solcher nicht vorliegt, mit der Errichtung eines neuen Titels für den Zedenten. Der Zessionar erwirbt gegenüber dem Schuldner erst einen Anspruch, wenn dieser die Übertragung angenommen hat, Art. 1633 C. c. Hiernach scheint es, daß nach dem Recht von Guatemala zur Abtretung einer gewöhnlichen Forderung stets die Zustimmung des Schuldners notwendig ist, Saravia a. a. O. sagt, daß die Abtretung gegenüber dem Schuldner und anderen Dritten Wirkungen nur äußert, wenn sie notifiziert u n d angenommen ist. In gewissem Widerspruch hiermit sagt Art. 229 II C. com., daß die Notifikation der Zession durch einen Gerichtsschreiber (escribano) unter Vorweisung des entsprechenden Titels zu geschehen habe.	

*) In Chile muß die Notifikation durch einen ministro de fé geschehen, in Guatemala durch einen escribano (Amtsschreiber).

Land	Rechtsquellen Literatur	Die wesentlichen Erfordernisse der Zession	Bemerkungen, insb. die Sicherungszession
Haiti	In Haiti gilt französisches Recht, T i z a c, Rechtsvergleichendes Handwörterbuch I, 780 ff. Ob die ihm in Haiti gegebene Auslegung die gleiche ist wie in Frankreich, konnte nicht festgestellt werden.		
Honduras 61, 86.	Art. 1666 ff. Cóligo civil, Art. 123; Código de comercio.	Die Art. 1666 ff. C. c. stimmen bis auf eine kleine Abweichung in der Fassung (Art. 1669 C. c.) wörtlich mit den entsprechenden des spanischen Código civil überein. Von den Artikeln des Código de comercio entspricht Art. 123 I und III dem Art. 347 I und II des spanischen Código de comercio. Art. 123 II C. com., der für die Notifikation die Mitwirkung eines Urkundsbeamten (ministro de fé) und Vorlage des Titels vorschreibt, stimmt mit Art. 162 II des chilenischen Código de comercio überein.	
Italien 10, 15, 19, 25, 29, 43, 57, 70 f., 81, 93, 98, 100, 102.	a) Art. 1538—1548 codice civile. b) P a c i f i c i - M a z z o n i - V e n z i, Codice civile italiano 6.—8. Aufl. XIII n. 156 ff. D e R u g g i e r o, Istituzioni di diritto civile II 5. Aufl. § 78.	Für die Gültigkeit unter den Parteien bestehen keine besonderen Formerfordernisse. „Gegenüber Dritten hat der Zessionar erst Rechte, nachdem der Schuldner von der erfolgten Zession förmlich benachrichtigt ist oder nachdem der Schuldner die Zession in öffentlicher Urkunde angenommen hat" (Art. 1539 c. c.).	Sicherungszessionen sind unbekannt, auch besteht wegen Fehlens einer Provision-Doktrin nicht wie in Frankreich die Möglichkeit durch Wechselbegebung ähnliche Wirkungen zu erzielen. Künftige Forderungen können abgetreten wer-

Land	Rechtsquellen Literatur	Die wesentlichen Erfordernisse der Zession	Bemerkungen, insb. die Sicherungszession
Italien (Fortsetzung)		Die intimazione (förmliche Zustellung durch den Gerichtsvollzieher kann vom Zedenten oder Zessionar ausgehen. Eine Befristung ist nicht vorgesehen, doch ist die Benachrichtigung nach Konkurseröffnung oder nach der intimazione einer zweiten Zession ohne Wirkung und nach einer Pfändung der Forderung nur von beschränkter Wirkung (bestr. vgl. Pacifici-Mazzoni n. 183).	den, Pacifici-Mazzoni n. 159 f. Doch ist die Frage wegen der Erfordernisse des Art. 1539 c. c. anscheinend bisher nur für Forderungen erörtert, bei denen der künftige Schuldner schon bestimmt ist.
Japan 81, 96.	a) §§ 466 ff. BGB. und § 5 EG. zum BGB. b) E. de Becker, Annotated Civil Code of Japan. Bd. 2 (1909) S. 72 ff. Ferner wurden einige Angaben von Herrn Reichsgerichtsrat Miyake, Tokyo, verwertet.	Formfrei, üblich ist aber die Ausstellung einer Urkunde von Seiten des Zedenten, welche an den Zessionar gerichtet ist, die der Zedent unterzeichnet, siegelt und an den Zedenten übergibt. Gegenüber dem Schuldner kann die Abtretung erst geltend gemacht werden, wenn der Zedent dem Schuldner die Abtretung angezeigt oder der Schuldner die Abtretung genehmigt hat. Gegenüber anderen Dritten kann die Abtretung erst geltend gemacht werden, wenn die Anzeige oder die Genehmigung mittels einer Urkunde erfolgt ist, deren Datum behördlich oder	

Land	Rechtsquellen Literatur	Die wesentlichen Erfordernisse der Zession	Bemerkungen, insb. die Sicherungszession
Japan (Fortsetzung)		notariell festgestellt ist, § 467, Einführungsgesetz zum BGB. § 5. Die Anzeige an den Schuldner kann durch die Post oder durch andere Mittel bewirkt werden. Infolge der erwähnten Vorschrift bezüglich der Wirksamkeit gegenüber Dritten pflegt der Zedent regelmäßig die Anzeige schriftlich durch die Post vornehmen zu lassen, die eine der erwähnten Vorschrift entsprechende Feststellung des Datums der Vornahme trifft. Die bloße Kenntnis des Schuldners von der Abtretung hat keinen Einfluß.	
Lettland und Estland Vgl. auch Rechtsvergleich. Handwörterbuch 1, 53, 110. 14, 59, 60.	B r o e c k e r, Liv-, Est- und Curländisches Privatrecht (1902); S c h i l l i n g - E h l e r s, Lettlands Bürgerliches Gesetzbuch (1928) Art. 3461 ff.	Die Abtretung kann in jeder beliebigen Form geschehen. Sie ist auch wirksam, wenn der Schuldner nichts davon weiß, Art. 3471. Nur bei urkundlich verbriefter Forderung muß die Urkunde übergeben werden und entweder auf ihr ein Vermerk gemacht oder eine besondere Übertragungsurkunde ausgefertigt werden, Art. 3472. Dieser Artikel wurde in Lettland am 27. Oktober 1925 (GBl. 188) gestrichen (Schilling-Ehlers S. 424).	Auch „künftige und ungewisse Forderungsrechte“ können abgetreten werden (Art. 3467). Die Sicherungsabtretung ist in Lettland kaum, in Estland fast garnicht verbreitet.

Land	Rechtsquellen Literatur	Die wesentlichen Erfordernisse der Zession	Bemerkungen, insb. die Sicherungszession
Litauen Siehe Polen, Lettland und Estland, sowie Russischer Zivilkodex. Vgl. ferner Rechtsvergleichendes Handwörterbuch I, 121.			Die Sicherungsabtretung ist nicht verbreitet.
Mexiko 14, 16, 59, 60, 61, 85.	Art. 2029 ff. neuer Cód. civ. Art. 389 ff. Cód de com.	Als Form sieht Art. 2033 C. c. eine privatschriftliche vom Zedenten, Zessionar und 2 Zeugen unterzeichnete Urkunde vor. Nur wenn die abgetretene Forderung in öffentlicher Urkunde errichtet sein muß, bedarf es für die Zession der gleichen Form. Gegenüber Dritten ist die Abtretung von Forderungen nur wirksam, wenn das Datum in einer der folgenden Arten festgestellt ist: durch Eintragung in öffentliche Register, falls die abgetretene Forderung dort einzutragen war, oder bei Errichtung einer öffentlichen Urkunde mit dieser Errichtung oder bei Errichtung einer Privaturkunde mit ihrer Eintragung in ein öffentliches Register, dem Tod eines Unterzeichners oder mit der Aushändi-	

Land	Rechtsquellen Literatur	Die wesentlichen Erfordernisse der Zession	Bemerkungen, insb. die Sicherungszession
Mexiko (Fortsetzung)		gung an einen zuständigen öffentlichen Beamten, Art. 2034 C. c. Auch nach Erfüllung der Formvorschriften des Art. 2033 C. c. kann der Zessionar seine Rechte gegenüber dem Schuldner erst ausüben, wenn er ihm gerichtlich oder außergerichtlich vor 2 Zeugen oder einem Notar die Abtretung notifiziert hat, Art. 2036 C. c. (ähnlich Art. 390 C. com.).	
Neuseeland s. Britisches Reich.			
Neufundland s. Britisches Reich.			
Nicaragua	Art. 365 ff. Código de comercio. Der Código civil war nicht zugänglich.	Aus dem Art. 366 C. com. dürfte folgen, daß (wahrscheinlich, um Wirkungen gegenüber Dritten zu erzeugen) eine förmliche Notifikation an den Schuldner notwendig ist. Einwendungen, die der Schuldner geltend machen will und die nicht aus dem Titel hervorgehen, muß er in dem Notifikationsakt oder binnen drei Tagen geltend machen.	

Land	Rechtsquellen Literatur	Die wesentlichen Erfordernisse der Zession	Bemerkungen, insb. die Sicherungszession
Niederlande 85 f.	a) Art. 668 Burgerlijk Wetboek, vgl. auch Art. 1569 ff. b) Veegens-Oppenheim, Schets van het Nederlandsch Burgerlijk Recht II 3. Aufl. 71 ff., Asser-Scholten, Nederlandsch Burgerlijk Recht II 6. Aufl. S. 156 ff., Diephuis, Het Nederlandsch Burgerlijk Recht VI 96 ff., Janzen, Het Middenstandsbankwesen in Nederland 2 103 ff., Land, Verklaring van het Burgerlijk Wetboek II 2 Aufl. 172 ff. Mees, Disconteering van Boekvordering, Economist 1913 849, Jager, Crediet op Vorderingen (behandelt nur den Forderungskredit bei Wechselausstellung).	Für die Abtretung ist eine einseitige Form vorgeschrieben, d. h. nur die Erklärung des Zedenten, nicht aber die Annahme des Zessionars braucht in der zu erwähnenden Form zu geschehen. Als Formen kommen in Betracht: privatschriftliche oder öffentliche Urkunde, auch ein gewöhnlicher Brief reicht aus, vgl. Art. 668 I BWB., Asser-Scholten a. a. O. 157, Veegens-Oppenheim a. a. O. 72. Um gegenüber dem Schuldner zu wirken (nur gegenüber diesem, nicht, wie im französischen Recht, auch sonstigen Dritten), muß noch die Zustellung an ihn oder Annahme durch ihn hinzukommen, Art. 668 II WB. Die Zustellung hat durch den Gerichtsvollzieher zu geschehen, Veegens-Oppenheim a. a. O. 72. Wer den Schuldner benachrichtigen lassen muß, wird nicht gesagt, Land a. a. O. 174 Anm. 3. Noch im Jahre 1929 (Weekblad van het Recht 1929 Nr. 12.010) hat der Hooge Raad es für zulässig erklärt, unter Vermeidung der Pfandform gleiche Zwecke durch Vollübertragung zu erreichen. Formular s. ob. S. 107.	Schon 1913 verbreitete sich in den Niederlanden die Sicherungsabtretung von Buchforderungen (Mees 853). Nach Mees 853 ist die Benachrichtigung des Drittschuldners von der Zession auch nach der Konkurseröffnung möglich.

Land	Rechtsquellen Literatur	Die wesentlichen Erfordernisse der Zession	Bemerkungen, insb. die Sicherungszession
Norwegen 14, 40, 71, 73, 86.	Fr. Stang, Forelaesninger over den Norske Obligationsrets, Almindelige Del. 5. Aufl. §§ 68 ff.; Bech, Konkurslovgivningen 2. Aufl.	Schon durch formlosen Vertrag wirksam, aber bei der schwankenden Rechtsprechung Benachrichtigung des Schuldners auf jeden Fall empfehlenswert (vgl. über die Praxis Bech, S. 501), Stang § 68, S. 120. Der Schuldner kann solange an den Zedenten zahlen, bis er von der Zession benachrichtigt ist oder anderweitig Kenntnis erlangt hat.	Die Abtretung zur Sicherung ist im allgemeinen möglich. Doch ist die Rechtsprechung schwankend, insbesondere hinsichtlich der Notwendigkeit, bei der Sicherungszession die gleichen Voraussetzungen wie bei der Verpfändung inne zu halten. (Für Zulässigkeit der Sicherungszession jetzt neuestens Höchstes Gericht in Norsk Retstidende 1930, S. 279 ff.). Die Sicherungsabtretung muß auf jeden Fall als Abtretung zu vollem Recht und nicht als verschleierte Verpfändung erscheinen (Bech, S. 495 ff., bes. S. 497). Für die Verpfändung von Forderungen, die nicht in Wertpapieren verkörpert sind, gilt das Gesetz vom 21. 8. 1914, das schriftliche Verpfändungserklä-

Land	Rechtsquellen Literatur	Die wesentlichen Erfordernisse der Zession	Bemerkungen, insb. die Sicherungszession
Norwegen (Fortsetzung)			rung und schriftliche Benachrichtigung des Schuldners verlangt.
Österreich 13, 14, 18, 25, 32, 33, 34, 35, 40, 43, 70, 71, 72, 86 ff., 91.	a) §§ 427, 452, 1392—99 ABGB.; § 10 KonkO. § 10 AusgleichsO.; § 294 Exekutionsordnung. b) Ehrenzweig, System des österreichischen allgemeinen Privatrechts, 7. Auflage. Bd. 2, 1. Hälfte §§ 329 ff., Wolff im Klang'schen Kommentar IV, 290 ff.	Durch formlosen Vertrag zwischen Zedenten und Zessionar (Ehrenzweig a. a. O. 261). Für die Sicherungsabtretung gilt besonderes (vgl. nächste Spalte).	Die Sicherungsabtretung — seit langem üblich und vom Gesetz erwähnt (§ 10 KonkO. und AusgleichsO.) — ist entsprechend ihrem Wesen als Verpfändungsersatz von der Rechtsprechung besonderen Formerfordernissen unterstellt: Schriftform und entweder Verständigung des Schuldners oder Ersichtlichmachung in den Büchern des Zedenten. Einzelheiten in d. Plenarbeschluß des Ob. G. H. v. 15. I. 1929 (Entsch. XI, 50 ff. = RabelsZ. 5, 961). In der Praxis verwandte Formulare s. ob. S. 109.
Palästina s. Britisches Reich.			

Land	Rechtsquellen Literatur	Die wesentlichen Erfordernisse der Zession	Bemerkungen, insb. die Sicherungszession
Panama 61.	Art. 1278 ff. Código civil; der Código de comercio war nicht zugänglich.	Die Bestimmungen des Código civil stimmen mit ganz geringen Ausnahmen wörtlich mit denen des spanischen Código civil (Art. 1526 ff.) überein.	
Paraguay	Sowohl das bürgerliche wie das Handelsgesetzbuch Paraguays sind aus dem argentinischen Recht übernommen, so daß auf die dortige Darstellung verwiesen werden kann, vgl. Gasperi im Rechtsvergleichenden Handwörterbuch I, 880 ff.		
Peru 81.	a) Art. 1468 ff. Código civil, Art. 342 f. Código de comercio. b) Ortiz de Zevallos y Vidaurre, Derecho Civil Peruano S. 169 ff.	Zwischen den Parteien ist die Zession mit der Einigung perfekt; die in Art. 1468 C. c. behandelte Übergabe des Titels oder, falls ein solcher nicht vorhanden ist, die Ausfertigung und Übergabe einer besonderen Abtretungsurkunde ist nur ein Beispiel für die Erfüllung des Zessionsvertrages, Ortiz a. a. O. 170 f. Über die Wirkung gegenüber dem Schuldner handeln die Art. 1469 und 1470 C. c. Nach dem ersteren erwirbt der Zessionar einen Anspruch (accion) gegen den Schuldner nur, wenn dieser die Übertragung angenommen hat oder sie ihm gerichtlich (judicialmente) notifiziert ist. Nach Art. 342 C. com. genügt die Bekanntmachung durch einen Notariatsbrief (carta notarial).	

Land	Rechtsquellen Literatur	Die wesentlichen Erfordernisse der Zession	Bemerkungen, insb. die Sicherungszession
Peru (Fortsetzung)		Der Schuldner wird nach Art. 1470 nur befreit, wenn er an den Zedenten leistet, bevor dieser ihm Mitteilung von der Zesion gemacht hat. Ob hier wirklich bloße Mitteilung ausreicht, ist zweifelhaft.	
Polen (Französisch-rechtlicher Teil). Siehe im übrigen Österreich, Ungarn, Russischer Zivilkodex. Vgl. ferner Rechtsvergleichendes Handwörterbuch I, 161 ff. 71, 93.		Anders als in Frankreich erfolgt in Polen die Benachrichtigung des Schuldners nicht durch den Gerichtsvollzieher, sondern durch den Notar. (Mitteilung v. Dr. Alexander Wolter, Krakau.)	
Portugal 10, 14, 81.	a) Art. 785—795 Código civil, Art. 483 Código de comercio. b) Alvez Moreira, Direito civil português 184 ff., Loureiro e Almeida, Código Civil I, 664 ff.	Gegenüber dem Zedenten geht die abgetretene Forderung mit dem Vertrag auf den Zessionar über, Art. 789 C. c., gegenüber dem Schuldner und Dritten erst mit dem Tage der Notifikation oder dem Tage, wo der Schuldner anderweit Kenntnis erlangt, vorausgesetzt, daß es durch „forma autêntica“ geschieht. Hierunter scheint nicht „jede sonst zuverlässige Form“ zu verstehen zu sein, wie in den Handelsgesetzen des Erdballs VII S. 133, Note 1, angenommen wird, son-	

Land	Rechtsquellen Literatur	Die wesentlichen Erfordernisse der Zession	Bemerkungen, insb. die Sicherungszession
Portugal (Fortsetzung)		dern eine bestimmte urkundliche Form. Die Notifikation kann vom Zedenten oder Zessionar ausgehen, Moreira a. a. O. 196. Ihre Form regelt der Código de proc. civil (der neue código de proc. civ. war nicht zugänglich).	
Rumänien über die außer dem codul civil geltenden Rechte vgl. Rechtsvergleichendes Handwörterbuch I, 187. 71, 81, 93.	a) Art. 1391—1398 codul civil. b) Hamangiu, Bălănescu & Băicoianu, Drept Civil Roman II no. 1473 ff.	Gesetz und Rechtsprechung stimmen mit der französischen überein.	
Russischer Zivilkodex gilt zwar nicht in Sowjetrußland, aber in einigen früher zu Rußland gehörigen Gebieten der Randstaaten und Polens. 14, 59, 62, 84. *Sowjetrußland vgl. 57, 60, 95, 98.*	a) Art. 2058 ff. Zivilkodex, Art. 153—162 Entwurf 1914. b) Klibanski, Handbuch des gesamten russischen Zivilrechts.	Für die Abtretung ist Schriftlichkeit erforderlich, Klibanski II, 268, III, 244. Zwischen den Parteien wirkt die Abtretung schon mit der Vereinbarung, Klibanski I, 158. Die Eintragung in ein öffentliches Register ist notwendig (ähnlich der notariellen Beglaubigung: Buch = Notariatsregister), um der Abtretung im Konkurs volle Wirkung zu verleihen; geschieht dies nicht, so wird die zedierte Forderung im Konkurs des Schuldners erst nach den sonstigen Forderungen befriedigt, vgl. Art.	

Land	Rechtsquellen Literatur	Die wesentlichen Erfordernisse der Zession	Bemerkungen, insb. die Sicherungszession
Russischer Zivilkodex (Fortsetzung)		2061 ff. Es hat binnen 7 Tagen oder binnen eines Monats (je nach dem Wohnort des Zedenten) die öffentliche Beglaubigung und Eintragung der Abtretung in ein öffentliches Register zu geschehen, vgl. Art. 22 ff. der Beilage zu Anm. 2 des Art. 708.	
San Salvador 71.	Art 1691 ff. Código Civil.	Nach Art. 1691 C. c. in Verbindung mit Art. 672 C. c. wird die Zession zwischen Zedent und Zessionar mit der Übergabe des Titels und einer „nota", die Datum und Name der Vertragsparteien enthält, wirksam. An Stelle dieser nota kann eine Urkunde errichtet werden. Besteht kein Titel des abgetretenen Rechts, so erfolgt die Zession durch Errichtung einer Urkunde über die Abtretung. Gegenüber dem Schuldner und sonstigen Dritten ist die Notifikation und Akzeptation nach Art. 1692 C. c. erforderlich. Bei der Notifikation ist der Titel und die nota (und, falls kein Titel besteht, die Übertragungsurkunde) vorzulegen, Art. 1693 C. c.	
Schottland s. Britisches Reich.			

Land	Rechtsquellen Literatur	Die wesentlichen Erfordernisse der Zession	Bemerkungen, insb. die Sicherungszession
Serbisch-kroatisch-slowenisches Königreich **Altserbisches Recht.** Siehe im übrigen Ungarn, Österreich und vgl. ferner Rechtsvergleichendes Handwörterbuch I, 233. 84.	Bürg. Gesetzbuch v. 11/25. März 1844. §§ 864—871. Literatur: (in serbisch) Péritch, Der Kaufvertrag; Markovitch, Das bürgerliche Recht I 2. Aufl.; Niketitch, Obligationsrecht, Allg. Teil.	Außer der allgemeinen Bestimmung, daß bei Beträgen über 200 Dinaren der Zeugenbeweis bei rechtsgeschäftlichen Ansprüchen grundsätzlich ausgeschlossen ist (§ 242 ZPO.) keine besonderen Formvorschriften. Wirkung „zwischen den Parteien" mit der bloßen Vereinbarung. Übergabe eines Schriftstücks nicht erforderlich. Dem Schuldner wird die Möglichkeit zu schuldbefreiender Leistung an den Zedenten erst durch eine vom Zedenten oder Zessionar ausgehende Benachrichtigung genommen (bestr.).	
Schweden 71, 73, 86.	Björling, Lärobok i Civilrätt. 6. Aufl. S. 207 ff. Fehr, Bidrag till läran om cession av fordran, Tidskrift for Retsvidenskap 1925, S. 145 ff.	Schon durch formlosen Vertrag wirksam, Fehr S. 215 f.; Björling S. 205. Der Schuldner, der in Unkenntnis der Zession an den Zedenten leistet, wird geschützt (vgl. Höchstes Gericht, Nytt Juridiskt Arkiv 1928, 393).	Die Sicherungszession ist, wie die Verpfändung der Forderung, nur wirksam, wenn Anzeige an den Schuldner erfolgt ist, so Fehr 219 ff. Die Rechtsprechung des höchsten Gerichts ist schwankend: Nytt Juridiskt Arkiv 1926, S. 454 ff. (keine Benachrichtigung gefordert) Nytt Juridiskt Arkiv 1928, 606 ff. (Benachrichtigung gefordert).

Land	Rechtsquellen Literatur	Die wesentlichen Erfordernisse der Zession	Bemerkungen, insb. die Sicherungszession
Schweden (Fortsetzung)			Nytt Juridiskt Arkiv 1929, 421 (Sicherungszession anerkannt, wenn Benachrichtigung erfolgt).
Schweiz 13, 14, 16, 18, 23, 26, 59, 73, 81, 83, 86 ff., 91.	a) Obligationenrecht Art. 164 ff.; vgl. auch Bundesgesetz über Schuldbetreibung und Konkurs § 287. b) Oser-Schönenberger, Das Obligationenrecht, Erster Halbband. 2. Aufl. 710 ff. A. v. Tuhr, Allgemeiner Teil des Schweizerischen Obligationenrechts § 93 ff.	Schriftform notwendig. Die Unterschrift des Zedenten reicht aus, Datierung kann gefordert werden. Blankozession ist zulässig (v. Tuhr 720 f).	Sicherungsabtretung wird vom Bundesgericht anerkannt vg. Entsch. Bd. 43 II 27; 28 II 147; 53 II 111. Die Abtretung kann auch künftige Forderungen umfassen, soweit ein vertragliches Verhältnis, aus dem sie entstehen, bereits besteht. Vgl. BG. 25 II 323. Vgl. auch die Übersicht der Formularpraxis oben S. 115 ff. Vgl. auch über die Forderungsverpfändung Art. 900 ZGB. „Zur Verpfändung einer Forderung, für die keine Urkunde oder nur ein Schuldschein besteht, bedarf es der schriftlichen Abfassung des Pfandvertrages und gegebenenfalls der Übergabe des Schuldscheines. Der Pfandgläubiger und

Land	Rechtsquellen Literatur	Die wesentlichen Erfordernisse der Zession	Bemerkungen, insb. die Sicherungszession
Schweiz (Fortsetzung)			der Verpfänder können den Schuldner von der Pfandbestellung benachrichtigen.“
Spanien 10, 57, 60, 61, 71, 83, 86.	a) Art. 1526—36, 1218, 1227, 1280 código civil; Art. 347 código de comercio. b) Manresa, Comentarios al Código civil español 3. Aufl. X, 388 ff. Martinez Ruiz, Código civil, 2. Aufl. 16, 165 ff. (dort besonders Rechtsprechung). Diego, Curso elemental de Derecho civil Español 6, 1 ff. J. C. Tobeñas, Derecho Civil Español, 3. Aufl. II, 460 ff. Sanchez Roman, Estudios de Derecho Civil 2. Aufl. IV, 721 ff.	Für die Forderungszession besteht nach dem Gesetz grundsätzlich keine besondere Formvorschrift. Eine öffentliche Urkunde ist nur dann notwendig, wenn die abzutretende Forderung in öffentlicher Urkunde verbrieft war, Art. 1280 Z. 6 c. c., doch ist die Notifikation an den Schuldner anzuraten (vgl. Diego 9, Enciclopedia Juridica Española V, 1096). Von ihr hängt die Wirksamkeit gegenüber späteren Zessionaren ab. Sie soll durch Vermittlung des Richters erster Instanz, durch einen Notar oder durch private Mitteilung vor Zeugen geschehen (Enciclopedia a. a. O.) Gegenüber Dritten — worunter nicht der Schuldner gezählt wird — tritt die Wirksamkeit der Zession erst ein, wenn das Datum der Zessionsurkunde entweder durch öffentliche Urkunde oder Registration einer Privaturkunde bewiesen ist (Art. 1526 I c. c.).	Für die Verstempelung vgl. Art. 16 Ziff. 1 und 4 des Stempelsteuergesetzes vom 11. V. 1926. Fehlt der erforderliche Stempel, so darf die Urkunde nach Art. 219 weder von den Behörden und Gerichten noch von Privaten anerkannt werden.

Land	Rechtsquellen Literatur	Die wesentlichen Erfordernisse der Zession	Bemerkungen, insb. die Sicherungszession
Südafrika s. Britisches Reich.			
Tschechoslowakei siehe Österreich, Ungarn und vgl. ferner Egon Weiß, Rechtsvergleichendes Handwörterbuch I, 265 ff. 26, 86, 87.			Sicherungsabtretungen sind üblich und anerkannt. Vgl. die Formulare ob. S. 122 ff., sowie Ent. des Ob. G. vom 31. XII. 1925, Prager Archiv 1926, 504. Ob die Rechtssätze des Plenarbeschlusses des österreichischen Obersten Gerichtshofs (s. ob.) Anwendung finden, ist ungewiß.
Türkei	Die in Betracht kommenden Artikel des Obl. R. stimmen mit dem Schweizer Recht überein, Wettstein, The Swiss federal code of Obligations with the Turkish alterations.		
Ungarn 16, 35, 71, 84 f., 91.	a) Prinzipielle Entscheidungen Nr. 88—90, 467—468, Plenarbe-	Die Abtretung ist mit der formfreien (Almási I, 118 ff. II, 152 Ziff. 3) Abrede zwischen Zedent und Zessio-	Die Frage der Zulässigkeit der Sicherungsabtretung hat für Ungarn nur

Land	Rechtsquellen Literatur	Die wesentlichen Erfordernisse der Zession	Bemerkungen, insb. die Sicherungszession
Ungarn (Fortsetzung)	schluß 14 (zitiert nach Szladitz, Rechtsvergleichendes Handwörterbuch I, 281). Ferner beachtenswert Entwurf eines BGB. von 1914 §§ 987 ff. Entwurf eines BGB. von 1928 §§ 1218 ff. b) Almási, Ungarisches Privatrecht II (1923) S. 151 ff. Vgl. auch Weißberger, Mitteilungen des Creditorenvereins 1930 Nr. 26.	nar perfekt. Schriftform ist unter anderem bei Abtretung von Forderungen auf Immobiliarübereignung notwendig, notarielle Beurkundung bei Zessionen zwischen Eheleuten. Eine Benachrichtigung des Schuldners hat nur die Bedeutung, daß er nicht mehr befreiend an den Zedenten leisten kann. Nicht ist sie zur Übertragung selbst erforderlich.	geringe Bedeutung. Denn § 304 HGB. gestattet für Buchforderungen die Verpfändung in einer Art, die das Bedürfnis nach einer Vermeidung der Verpfändungsvorschriften nicht aufkommen läßt. Bei solchen Forderungen wird das Pfandrecht erworben, wenn der mit der Verpfändungserklärung versehene Buchauszug dem Gläubiger übergeben und die Verpfändung selbst bei der als Pfand gegebenen Forderung vermerkt wird. — 2 Formulare s. oben S. 125 f.
Uruguay 97.	a) Art. 768 u. 1757 ff. Código civil, Artikel 563 ff. Código de comercio. Die Regelung im bürgerlichen und Handelsgesetzbuch stimmt in den meisten Punkten wörtlich überein.	Nach Art. 1757 C. c. wirkt die Abtretung gegenüber Dritten nicht, wenn sie dem Schuldner nicht mitgeteilt oder notifiziert ist. Bei der Notifikation muß der Titel mit einem Übertragungsvermerk, der die Angabe des Zessionars enthält, vorgewiesen werden. Nach Art. 1758 C. c. (= Art. 563 I C. com.) ist die Abtretung gegenüber dem	

Land	Rechtsquellen Literatur	Die wesentlichen Erfordernisse der Zession	Bemerkungen, insb. die Sicherungszession
Uruguay (Fortsetzung)	b) Nin y Silva, Código Civil Anotado 538 ff.	Schuldner unwirksam, solange sie ihm nicht angezeigt worden ist und er sich mit ihr einverstanden erklärt hat oder er gegenüber dem Zessionar eine neue Verpflichtung eingegangen ist. Aus Art. 1759 C. c. (= Art. 564 C. com.) ergibt sich, daß diese Zustimmung vermutet wird, wenn der Schuldner nicht binnen 3 Tagen nach der Notifikation protestiert. Ferner ergibt sich die Bedeutungslosigkeit des Erfordernisses der Zustimmung für die Wirksamkeit der Zession aus Art. 1760 C. c. (= 565 C. com.), wonach der Schuldner, der der Zession nicht zugestimmt hat, dem Zessionar alle Einwendungen entgegenhalten kann, auch die rein persönlichen, welche er dem Zedenten gegenüber hätte geltend machen können. — In Lehre und Rechtsprechung wird übrigens z. T. die Ansicht vertreten, daß in Art. 1758 C. c. nur irrtümlich „und" statt „oder" gedruckt ist, Nin y Silva 539 Note 431.	
Venezuela	Art. 1594 ff. Código Civil, Art. 158 Código de comercio.	Die Zession ist perfekt mit der Einigung, ohne daß es auf die Übergabe eines Titels ankommt. Nach Art. 1595 C. c. hat der Zessionar gegenüber	

Land	Rechtsquellen Literatur	Die wesentlichen Erfordernisse der Zession	Bemerkungen, insb. die Sicherungszession
Venezuela (Fortsetzung)		Dritten erst Rechte seit der Notifikation oder Akzeptation. Der vorher an den Zedenten zahlende Schuldner wird befreit, Art. 1596 C. c. Ob die Notifikation in einer förmlichen Weise zu geschehen hat, konnte nicht sicher festgestellt werden. Bei der engen Verwandtschaft mit den sonstigen romanischen Rechten ist dies anzunehmen.	
Vereinigte Staaten 15, 16, 17, 26, 33, 42, 46, 83, 86 f.	a) Vgl. die Zusammenstellung einzelstaatlicher Gesetze S. 169. Vgl. auch: American Law Institute, Restatement of the law of contracts sect. 148 ff. b) Williston, Law of Contracts I, §§ 404 ff., Throckmorton 5 Corpus Juris 830. s. v. Assignments; Ruling Case Law Bd. 2 s. v. Assignments S. 591 ff.	Soweit keine gesetzlichen Vorschriften bestehen, erfolgt die Abtretung formlos (sect. 157 Restatement). Nur in Massachusetts nahmen einige ältere Entscheidungen an, daß mindestens die Form gewahrt sein müsse, in der die übertragene Forderung errichtet sei, Williston, Contracts I, 808. In einigen Staatengesetzen ist für die Klage des Zessionars im eigenen Namen schriftliche Abtretung Voraussetzung. Dies betrifft aber nur die Klagebefugnis. Auch bei mündlichen assignment kann der Zessionar im Namen des Zedenten klagen (Williston, Contracts I, 810, Throckmorton a. a. O. 897 ff.).	Vgl. die Zusammenstellung von Urteilen unten S. 170 und die Formulare betr. Sicherungszessionen oben S. 127 ff.

1. Übersicht der einzelstaatlichen Gesetze zum Abtretungsrecht.

Arizona Rev. Code 1928 § 3728; Arkansas Crawford & Moses Digest 1921 §§ 475 ff., § 1090 (im Zweifel muß der Zedent Prozeßpartei sein); California Civil Code 1923 §§ 954 f.; Connecticut General Statutes 1930 sect. 5531; Florida General Laws 1927 sect. 4201; Georgia Code Annotated 1926 sect. 3653 ff.; Idaho Compiled Statutes 1919 § 5364; Illinois Callaghan's Illinois Statutes Annotated ch. 110, 18; Iowa Code 1927 sect. 9451 ff. (pactum de non cedendo grundsätzlich unwirksam; Abtretung von open accounts aus bestehenden Verträgen möglich); Kansas Revised Statutes Annot. 1923, ch. 60, 401 f; Kentucky Caroll's Statutes 6. Aufl. §§ 474 f. (Der Zessionar kann nur den für die Forderung bezahlten Preis vom Schuldner verlangen); Louisiana Civil Code Art. 2642 ff. (franz. System); Maine Revised Statutes 1916 ch. 87 sect 150 ff.; Maryland Annotated Code (Bagby) I Art. 8; Massachusetts General Laws 1921 ch. 231 sect. 5 u. 6; Michigan Compiled Laws 1915 n. 11999 (Schriftform und Unterzeichnung durch Zedenten erforderlich) und 12353; Minnesota General Statutes 1923 n. 8472 (Formvorschriften um im Konkurs zu wirken) und 9165 f.; Mississippi Hemingway's Annot. Code 1927 § 510; Missouri Revised Statutes 1929 sect. 838 und 2969 (Schriftform für die Abtretung von Lohnforderungen, Abtretungen künftiger Forderungen verboten); Montana Revised Codes 1921 sect. 9068; Nebraska Compiled Statutes 1929, 20, 302 ff.; 20, 818; 45, 120; New Jersey Compiled Statutes S. 1965 § 38; New Mexico Codification 1915 § 589 f.; New York Cahill's Consolidated Laws 1930 ch. 42 §§ 41 f.; North Dakota Compiled Laws 1913 § 7396; Ohio Page's Annot. General Code sect. 11241 u. 6346; Oklahoma Compiled Statutes, Annotated 1921 sect. 209 f. und 279; Oregon Code Annotated 1930 1 301 f.; Pennsylvania Statutes 1920 §§ 17065 und 21507 ff.; Rhode Island General Laws 1923 sect. 4420 ff.; South Dakota Revised Code 1919 sect. 472 und 572 (Formvorschrift für Sicherungsabtretung); Tennessee Shannon Annot. Code 1917 sect. 4341 f. Texas Revised Civil Statutes 1925 art. 6164 (Zustimmung der Ehefrau für Lohnabtretung); Utah Compiled Laws 1917 209 f. und 279; Oregon Code Annotated 1930 1—301 f.; Pennsylvania Vermont General Laws 1917 sect. 1800 und 5854; Washington Remington's Compiled Statutes 1922 §§ 191 und 266; West-Virginia Barnes' Code Annotated 1923 ch. 99 § 14 ff.; Wisconsin Statutes 1929 ch. 260, 13 f.

2. Auswahl von Entscheidungen zu wichtigeren Fragen des Abtretungsrechts.

Vgl. ferner die Zusammenstellungen i. d. Digests, sowie bei Throckmonton 5 Corpus Juris 865 ff.

Alabama. Stewart v. Kirkland 19 Ala. 162 (1851).

Jemand verpflichtete sich, sein Ladengeschäft ein Jahr lang fortzuführen und trat alle in diesem Jahr auf Grund seiner Tätigkeit entstehenden Forderungen ab. Die Aufrechnung durch den von der Abtretung nichts wissenden Schuldner wurde zugelassen, die Gültigkeit der Abtretung als solcher also nicht angezweifelt.

Purcell's Adm'r. v. Mather 35 Ala. 570 (1860).

Ein Schmied trat alle Forderungen ab, die er während eines bestimmten Jahres gegen bestimmte Personen erwerben würde. Die Abtretung wurde als ungültig angesehen.

Skipper v. Stokes 42 Ala. 255 (1868).

Die Abtretung aller während eines Jahres anfallenden Honorare durch einen Arzt wurde als unwirksam angesehen.

Clanton Bank v. Robinson 195 Ala. 194 = 70 So. 270 1915).

Eine Warenhausgesellschaft trat alle zu einem bestimmten Zeitpunkt vorhandenen oder während des Jahres 1912 zu erwerbenden Außenstände ab. Diese Abtretung wurde hinsichtlich der noch zu erwerbenden Forderungen als unwirksam angesehen.

Shackleford v. Kiser Co. 131 Ala. 224 = 31 So. 77 (1901).

Die Abtretung künftiger Forderungen auch in Form einer Vollmacht des Zessionars kann nur geschehen, soweit es sich um Forderungen aus bereits bestehenden Verträgen handelt.

California. Cox v. Hughes 10 Cal. d. 553 = 102 Pac. 956 (1909).

Die Abtretung künftiger Lohnforderungen ist nur möglich, wenn bereits ein Dienstvertrag besteht.

Idaho. Green v. Consolidated Wagon etc. Co. 30 Idoho 359 = 164 Pac. 1016 (1917).

Die Abtretung zukünftigen Lohnes aus einem bestehenden Vertrag ist gültig und gegenüber späteren Zessionaren wirksam.

Indiana. Aetna Trust and Sav. Co. v. Nackenhorst 188 Ind 621 = 122 N. E. 421 (1919).

Abtretung zukünftiger Forderung nur möglich, wenn der Vertrag, auf Grund dessen sie entstehen sollen, schon besteht.

Jowa. Metcalf v. Kincaid 87 Jowa 443 = 54 N. W. 867 (1893).

Abtretung künftigen Lohnes auf Grund bestehender Dienstverträge wurde als gültig angesehen.

Sandwich Mfg Co. v. Robinson 83 Jowa 567 = 49 N. W. 1031 (1891).

Ein mortgage auf bestimmte Forderungen, die in Zukunft aus dem Betrieb einer Dreschmaschine entstehen werden, ist möglich.

Es reicht jedoch nicht aus ein Vertrag, durch den alle aus dem Betrieb der Maschine entstehenden Forderungen bis zur Tilgung der Schuld abgetreten werden.

Maine. Holt v. American Woolen Co. 150 Atl. 382 (1930).

Die Abtretung von Lohnforderungen, die noch nicht entstanden sind, ist zwar nach Common Law, nicht aber nach Equity unwirksam. Nach Equity sind sie auch dann wirksam, wenn der Arbeitsvertrag noch gar nicht geschlossen ist. Er braucht nur genügend bestimmt zu sein und die Zeit, für die die Lohnforderungen abgetreten werden, muß genau angegeben werden.

Maryland. Baust v. Fairfield Farms Dairy, 148 Atl. 236 (1930).

Die Abtretung künftiger Forderungen ist unwirksam, wenn der Vertrag, auf Grund dessen die Forderung erwachsen soll, noch nicht besteht.
Ebenso:
Seymour v. Finance & Guaranty Co. 142 Atl. 710 (1928).
Shaffer v. Union Mining Co. 55 Md. 74, 84 (zitiert in 148 Atl. 237).

Massachusetts. Taylor v. Barton-Child Co. 228 Mass. 126 = 117 N. E. 43 (1917).

Abtretung aller Buchforderungen, die jetzt oder später fällig sind, wurde als unwirksam erklärt (anscheinend nur insoweit es sich um künftig entstehende Forderungen handelt).
Ferner stehen auf dem im Restatement niedergelegten Standpunkt: Lightbody v. Smith 125 Mass. 51 (1878), Herbert v. Bronson 125 Mass. 475 (1878) und Gardner v. Hoeg 18 Pick. 168 (1836).

Die Abtretung des einem Seemann aus einer künftigen Reise zustehenden Erlöses aus Walfischöl wurde für gültig gehalten.

Michigan. Preston Nat. Bank v. George T. Smith Co. 84 Mich. 364 = 47 N. W. 502 (1890).

Eine Gesellschaft trat an die kreditgebende Bank „150.000 $ von ihren besten Außenständen Now existing or that shall hereafter accrue or be acquired“ ab. Die Abtretung wurde für gültig angesehen: die Bank habe das Recht, Außenstände in Höhe des genannten Betrages für sich auszuwählen.

Minnesota. Dyer v. Schneider 106 Minn. 271 = 118 N. W. 1011 (1908).

Die Abtretung aller durch die Arbeit einer bestimmten Dreschmaschine entstehenden Forderung ist gegenüber Gläubigern des Zedenten unwirksam, auch wenn sie zeitlich und örtlich begrenzt ist.

Montana. Close v. Independent Gravel Co. 156 Mo. App. 411 = 138 S. W. 81 (1911).

Die Abtretung künftiger Lohnforderungen aus bereits bestehenden Dienstverträgen wurde als gültig anerkannt.
Heller v. Lutz 254 Mo. 704 = 164 S. W. 123 (1914).

Die Abtretung künftiger Lohnforderungen ist nur möglich, wenn zur Zeit der Abtretung schon ein Dienstvertrag besteht.
Bissel v. Hill 10 Mo. App. 593. (Soll nach dem Zitat Restatement Contracts Explanatory Notes sect. 154 die Sicherungsabtretung zukünftiger Buchforderungen anerkennen.)

New York. Eine stattliche Reihe von Entscheidungen erkennt die Zulässigkeit der Abtretung künftiger Forderungen mit Wirkung in Equity an, auch wenn in der Gegenwart noch kein Vertrag besteht. Die erste dieser Entscheidung ist

Field v. City of New York 6 N. Y. 179 (1852).

Ein Drucker trat die ihm gegen einen bestimmten Kunden gegenwärtig oder zukünftig zustehenden Forderungen ab. Die Entscheidung wurde gebilligt in:
Devlin v. Mayor 63 N. Y. 8 (1875).
People v. Comptroller 77 N. Y. 45 (1879).
Jones v. Mayor 90 N. Y. 387 (1882).
Chester v. Jumel 125 N. Y. 237 = 26 N. E. 297 (1891).
Kimball v. Farmer's & Mech. Nat. Bank of Buffalo 138 N. Y. 500 = 34 N. E. 337 (1893).

North Dakota. Sykes v. Hannawalt 5 N. D. 335 = 65 N. W. 682 (1895).

Die Abtretung der mit einer Dreschmaschine zu erwerbenden Forderungen ist möglich, sie bedarf aber der Eintragung in ein Register.

Ohio, Rodijkeit v. Andrews 74 Oh. St. 104 = 77 N. E. 747 (1906).

Abtretung künftiger Lohnforderungen auf Grund bestehenden Vertrages ist möglich.

Pennsylvania. Jermyn v. Moffitt 75 Pa. 399 (1874).

Die Abtretung zukünftiger Lohnforderungen aus noch nicht geschlossenen Verträgen wurde als gültig angesehen.
Ruple v. Bindley 91 Pa. 296 (1879).

Ein Unternehmer trat soviel seines künftigen Werklohnes an den finanzierenden Darlehnsgeber ab, wie zur Tilgung notwendig war. Die Abtretung wurde als gültig angesehen.

Lehigh Val. R. Co. v. Woodring 116 Pa. 513 = 9 Atl. 58 (1887).

Die Abtretung künftiger Lohnforderungen aus bestehenden Arbeitsverträgen ist gültig, nicht aber die Abtretung von Lohn aus noch nicht geschlossenen Dienstverträgen mit unbestimmten Dienstherren.

East Lewisburg Lumber and Manufacturing Co. v. Marsh, Dunkel 91 Pa. 96 (1879).

Die Abtretung der Kaufpreisforderung aus den Verkäufen vorhandener Sachen wurde als wirksam angesehen. Der agent des Zedenten hatte den unwiderruflichen Auftrag erhalten, den Kaufpreis der von ihm verkauften Sachen an den Zessionar abzuführen.

South Dakota. Flanders v. French 20 S. D. 316 = 106 N. W. 54 (1906).

Der Käufer einer Dreschmaschine trat dem Verkäufer zur Sicherung des Kaufpreisrestes unter anderem alle durch den Betrieb der gekauften Maschine entstehenden Forderungen ab. Die Abtretung wurde als gültig angesehen.

Texas. Globe Indemnity Co. v. West Texas Lumber Co. 34 S. W. (2nd) 896 (1930).

Jeder Versuch, künftige Forderungen auf Grund noch nicht geschlossener Verträge abzutreten, ist nichtig.
Ebenso die Entscheidungen:
Wood v. Amarillo Imp. Co. 88 Tex. 505 = 31 S. W. 503 (1895).
First Nat. Bank of Houston v. Campbell 193 S. W. 197 (1917).
Campbell v. Grant 36 Tex. 641 = 82 S. W. 794 (1904).

United States.[1]) Clark v. Iselin 21 Wall. 360 (1874).

Die Abtretung von Außenständen (über die allerdings Urkunden bestanden) wurde für gültig gehalten, obwohl dem Zedenten die Einziehung überlassen war und die Abtretung nicht nach außen in Erscheinung trat.

Young v. Upson 115 Fed. 192 (1902).

Sicherungsabtretung bestimmter Forderungen mit der Abrede, daß in den Büchern des Zedenten Vermerke über die Abtretung anzubringen seien und daß die Eingänge sofort an den Zessionar abzuführen seien, wurde im Konkurs für wirksam gehalten. Es wird ausdrücklich ausgesprochen, daß eine notice an den Schuldner nur notwendig ist, um diesem die Möglichkeit zu schuldbefreiender Leistung zu nehmen.

In re Almond-Jones 13 F. (2nd) 152 (1926).

Es kommt darauf an, ob der Sicherungszessionar dem Zedenten „unfettered dominion" belassen hat; dann ist die Sicherungsabtretung unwirksam. Das ist nicht anzunehmen, wenn ein Angestellter des Zedenten zugleich als agent des Sicherungszessionars die Einziehung der Außenstände übernimmt. Es würde auch nicht als schädlich betrachtet, daß der agent mehrfach auf die Abführung des Erlöses an den Zessionar gegen Abtretung neuer Forderungen verzichtet hatte. Im vorliegenden Fall mußte der Erlös an den Sicherungszessionar, eine Bank, abgeführt werden, die zwar grundsätzlich dem Zedenten freie Verfügung beließ, aber stets die Möglichkeit zum Eingriff hatte. Trotzdem wurde ebenso wie im Benedict v. Ratner unfettered dominion des des Zedenten angenommen.

In re Monumental Shoe Mfg. Co. 14 F. (2nd) 549 (1926).

Sicherungsabtretung von Außenständen an eine Bank in der Art, daß in den Büchern des Zedenten Vermerke angebracht wur-

---

[1] Über Wallace Benedict v. Ratner 268 U. S. Rep. 353 (1925) vgl. oben S. 34.

den und ein Beauftragter der Bank alle zwei Wochen Einsicht nahm. Sie wurden für unwirksam erklärt, weil die von der Zedentin behaltene Herrschaft zu stark gewesen sei.
Wolvadt v. Miller 45 Fed. (2nd) 686.

Jemand trat Außenstände gegen bestimmte Personen zur Sicherheit ab und übernahm selbst die Einziehung, versprach aber, den Erlös gesondert von seinem Vermögen aufzubewahren. Aus der Tatsache, daß der Zedent complete dominion behielt, wurde unwiderlegbar vermutet, daß die Abtretung zum Nachteil des Gläubigers geschehen und im Konkurs nicht wirksam sei.
Greey, Trustee in Bankruptcy of Schwabkepner Co. v. Dockendorff 231 U. S. 513 (Just. Holmes) (1913).

Zur Sicherung eines Darlehns wurden künftige Außenstände aus Warenlieferungen abgetreten, die Abtretung wurde als gültig angesehen, obwohl von der Abtretung den Gläubigern nichts mitgeteilt wurde. Es wird festgestellt „There was no active concealment and no attempt to mislead anyone interested to know the truth".
Van Iderstine, Trustee in Bankruptcy of Fellerman v. National Discount Co. 227 U. S. 575 (1913).

Abtretung von Buchforderungen zur Sicherung eines Darlehns wurde als gültig angesehen, obwohl die Darlehnsgeberin wußte, daß das Darlehn zur Tilgung von Schulden Verwendung finden sollte.

Union Trust Co. v. Bulkeley 150 Fed. 510 (1907).

Ein mündliches assignment künftiger Buchforderungen wurde als ein gegenüber dem Konkursverwalter wirksames Lien angesehen.
Seaboard Small Loan Corporation et al. v. Ottinger 50 Fed (2nd) 856 (1931).

Abtretung künftigen Lohnes ist in equity wirksam.

W e s t - V i r g i n i a. Huling v. Cabell 9. W. Va. 522 (1876) (zitiert nach 75 Univ. Penn. L. R. 689).

Die Abtretung der auf einem von dem Zedenten abzuhaltenden Markt entstehenden Forderungen wurde als unwirksam erklärt.

W i s c o u n s i n. O'Niel v. Helmke 124 Wis. 234 = 102 N. W. 573 (1905).

Jemand trat alle Forderungen, die ihm aus Milchlieferungen an eine Käsefabrik zustehen würden, ab. Die Fabrik war aber bisher noch nicht verpflichtet, Milch abzunehmen. Der Vertrag wurde als ungültig angesehen, da es sich um die Abtretung einer mere possibility handelte.
Porte v. Chicago & N. W. Ry. Co. 162 Wis. 446 = 156 N. W. 469 (1916).

Die Abtretung künftigen Lohnes ist nur gültig, wenn sie sich auf Lohnforderungen erstreckt, die aus einem bereits bestehenden Vertrag entstehen.

Sachregister

s. S. 138 ff. in der ersten Spalte der Tabellarischen Länderübersicht.

Druck: Ferdinand Berger in Horn.

FSC
www.fsc.org
MIX
Papier | Fördert gute Waldnutzung
FSC® C083411

Kolibri 360 GmbH
Ferdinand-Jühlke-Straße 7
99095 Erfurt, Deutschland
produktsicherheit@kolibri360.de